U0481332

高速公路沥青路面设计与检测研究

杨仁图　钟永华　王水声　著

北京工业大学出版社

图书在版编目（CIP）数据

高速公路沥青路面设计与检测研究 / 杨仁图，钟永华， 王水声著． — 北京 ：北京工业大学出版社，2021.2
ISBN 978-7-5639-7863-2

Ⅰ．①高… Ⅱ．①杨… ②钟… ③王… Ⅲ．①高速公路－沥青路面－路面设计－研究②高速公路－沥青路面－检测－研究 Ⅳ．①U418.6

中国版本图书馆 CIP 数据核字（2021）第 034150 号

高速公路沥青路面设计与检测研究

GAOSU GONGLU LIQING LUMIAN SHEJI YU JIANCE YANJIU

著　　者：杨仁图　钟永华　王水声
责任编辑：刘　蕊
封面设计：知更壹点
出版发行：北京工业大学出版社
（北京市朝阳区平乐园 100 号　邮编：100124）
010-67391722（传真）　bgdcbs@sina.com
经销单位：全国各地新华书店
承印单位：北京亚吉飞数码科技有限公司
开　　本：710 毫米 ×1000 毫米　1/16
印　　张：11
字　　数：200 千字
版　　次：2022 年10月第 1 版
印　　次：2022 年10月第 1 次印刷
标准书号：ISBN 978-7-5639-7863-2
定　　价：66.00 元

版权所有　　翻印必究

（如发现印装质量问题，请寄本社发行部调换 010-67391106）

作者简介

杨仁图，男，广东五华人，毕业于吉林大学，现任职于广州诚安路桥检测有限公司，中级职称，路桥工程师，试验检测工程师。主要从事道路桥梁的施工、检测、测量等技术的研究，发表论文《施工检测在道路中应用的及时性分析》。

钟永华，男，广东阳春人，毕业于长沙理工大学，现任职于广州诚安路桥检测有限公司，中级职称，路桥工程师，试验检测工程师。主要从事路桥检测项目的研究，工作期间发表多篇技术论文，如《检测新技术在沥青混凝土路面的应用》等。

王水声，男，广东化州人，毕业于长安大学，现任职于广州诚安路桥检测有限公司，中级职称，路桥工程师，试验检测工程师。主要从事路桥工程检测、治理等研究，发表多篇技术论文，如《基于厂拌热再生技术的集料密度影响规律》《隧道水泥混凝土路面抗滑改善措施及效果》《沥青混合材料在道路工程中的检测研究》《浅析高速公路路面灾害的检测技术》等。

前　言

在我国城市化建设进程逐渐加快的时代背景下，高速公路沥青路面施工的重要性逐渐凸显出来，但是内外在因素对沥青路面的影响，会增加沥青路面病害的发生率，进而影响沥青路面的使用性能和使用寿命，面对这种现象，需要强化高速公路沥青路面设计工作的要点。鉴于此，本书就高速公路沥青路面设计要点展开探讨，以期为相关工作起到参考作用。

全书共八章。第一章为绪论，主要阐述了高速公路概况、国内外高速公路的发展概况、高速公路对沥青路面的要求等内容；第二章为高速公路沥青路面病害，主要阐述了沥青路面车辙病害、沥青路面水损害病害、沥青路面裂缝病害等内容；第三章为高速公路沥青路面的构造，主要阐述了沥青路面典型横断面、沥青路面面层结构、沥青路面硬质路肩、沥青路面排水构造物等内容；第四章为高速公路沥青路面的结构设计，主要阐述了沥青路面结构设计方法与指标、沥青路面结构组合设计、沥青路面结构厚度设计、沥青面层材料组成设计、沥青路面防冻层设计等内容；第五章为高速公路沥青路面的翻修设计，主要阐述了沥青路面车辙翻修方案设计、沥青路面水损害翻修方案设计、沥青路面裂缝病害翻修方案设计等内容；第六章为高速公路原材料及沥青配合比设计，主要阐述了沥青材料、石料与集料、沥青混合料的技术指标、沥青配合比设计方法等内容；第七章为高速公路沥青路面预防性养护技术，主要阐述了裂缝填封类预防性养护技术、表面涂刷类预防性养护技术、封层类预防性养护技术、罩面类预防性养护技术等内容；第八章为高速公路沥青路面性能检测与评价，主要阐述了沥青路面使用性能分析、沥青路面性能评价指标体系、沥青路面性能检测、沥青路面典型结构与可靠度分析等内容。

本书的写作分工为：由杨仁图担任第一作者，并负责撰写第二章、第四章、第八章，共计 7 万字；由钟永华担任第二作者，并负责撰写第三章、第五章、第六章，共计 7 万字；由王水声担任第三作者，并负责撰写第一章、第七章，共计 6 万字。

为了确保研究内容的丰富性和多样性，本书在写作过程中参考了大量理论与研究文献，在此向涉及的专家学者表示衷心的感谢。

由于作者水平有限，加之时间仓促，书中难免存有不足之处，在此，恳请广大读者批评指正！

目　　录

第一章　绪　论

作为国家重要的交通基础设施，高速公路不仅具备运送客流、物流的功能，更重要的是随着社会对高速公路运营管理的逐步重视，高速公路的非交通运输价值逐渐凸显，对沿线途经区域经济的发展、产业的拉动、旅游的促进等具有十分重要的作用。本章分为高速公路概况、国内外高速公路的发展概况、高速公路对沥青路面的要求三个部分，内容主要包括：高速公路的定义、通行特征、基本类型、功能，国内外高速公路的研究现状和发展现状，高速公路沥青路面材料和施工要求等。

第一节　高速公路概况

高速公路是最高技术等级的公路。我国对其做了如下定义：高速公路为专供汽车分向行驶、分车道行驶，全部控制出入的多车道公路。高速公路年平均日设计交通量宜在 15000 辆小客车以上，设计速度每小时 80 ～ 120 km。高速公路具有畅通性高、通行能力强、交通工具专属、可靠舒适、绿色环保等特点。高速公路伴随经济社会的发展应运而生，它的建设具有十分重要的政治、经济意义，反映着一个国家和地区的交通发达程度乃至经济发展的整体水平。

一、高速公路的通行特征

①高速公路对交通实施限制，不仅限制汽车，而且对某些机动车（如农用车、装载危险品等特殊货物的车辆等）也做了限制。

②高速公路中间设有较宽的中央分隔带，分隔对向车流，真正做到了分道行驶，提供了一个宽敞的行使环境。

③高速公路采用全封闭、全立交的方式，路段两侧均设置禁入栅，避免横向穿越，使车速的提高和行车安全有了保证。

④高速公路除道路本身的设施质量较好外，还设有许多完善的附属设施，使车辆快速、安全、舒适地行驶有了充分的保障，也使公路所适应的输送距离变得越来越长。

二、高速公路的基本类型

（一）按照设计车速分类

高速公路三条车道限速从左侧数起，一般的限速规定分别如下：第一条车道——100 ～ 120 km/h（超车道），第二条车道——90 ～ 110 km/h（行车道），第三条车道——60 ～ 100 km/h（货车道）。高速公路平面线形大多以圆曲线加缓和曲线为主，并重视平、纵、横三维空间立体线形的设计。

（二）按照车道数分类

高速公路在郊外大多为 4 或 6 个车道，在城市和市郊大多为 6 或 8 个车道，甚至更多。路面现多采用磨光值高的坚质材料（如改性沥青），以减少路表面湿滑和射水现象。路缘带有时用与路面不同颜色的材料铺成。硬路肩为临时停车用，也需用较高级材料铺成。在陡而长的上坡路段，当重型汽车较多时，还要在车行道外侧另设爬坡车道。必要时，每隔 2 ～ 5 km 在车行道外侧加设宽 3 m、长 10 ～ 20 m 的专用临时停车带。

（三）其他分类

按其功能可分为：城市内部高速公路和城市间高速公路两大类。

按其距离长短可分为：近程高速公路（500 km 以内）、中程高速公路（500 ～ 1000 km）和远程高速公路（1000 km 以上）三类。

按其布局形式可分为：平面立体交叉高速公路、路堤式高速公路、路堑式高速公路、高架高速公路和隧道高速公路。

三、高速公路的功能

（一）运输功能

1. 传统公路运输的功能

我国经济的迅速发展，对交通设施和运输能力的要求越来越高。高速公路作为一种便捷、安全、通行效率高的交通方式，极大地改善了交通拥堵的状况，提高了公路运输的效率和服务水平。高速公路的建设改变了道路的运输地位和功能，降低了运输成本，增强了交通安全性，方便了人们的出行，便利了省内外、国内外人们之间的联系和交流，并且加速了道路运输一体化的进程，使得城市发展更迅速。因此高速公路起着非常重要的作用，但是随着经济的迅速发展，高速公路的运输量越来越大，其承担的责任也越来越大。

高速公路的发展拉动了区域内经济总量的快速增长，促进了产业结构的优化升级，推动了区域间的经济合作及区域资源的开发和增值进程。高速公路建设对相关行业的发展起到了关键的推动作用。

2. 提供强大的物流需求

高速公路覆盖区县途经广大的农村地区，国家对乡村振兴战略的落地实施、对农村基础设施建设的加大投入，以及农村电商的大力发展，必定会通过高速公路这一快捷通道在全国范围内实现大量的物资流动，这将给高速公路公司的发展带来机遇。

3. 增加车流量

高速公路加强了与高德地图、百度地图等知名导航软件提供商的合作，通过导航软件及时更新路况信息、发布全面准确的安全提示信息，在所需里程相差不大的情况下加强对高速公路的推荐，以此来增加车流量。

利用电视、网络加强对高速公路良好通行路况和服务的宣传，并将高速公路沿线旅游景点、行车路线、服务区和收费站设置、加油点分布等情况采取多种形式汇编后向社会公布，积极吸引新客户。

结合旅游资源吸引旅游车流。高速公路沿线的旅游景区、国家级旅游度假区等众多旅游资源，可加强与沿线地方政府宣传部门的合作，在对外宣传旅游活动的同时强化高速公路的线路宣传，以此吸引更多旅游车流上路。

总而言之，高速公路行业是一个市场潜力巨大、未来市场发展空间广阔的行业。随着汽车保有量的持续增加、经济的高质量发展、物流更大范围内的流通，越来越多的人会选择驾乘车辆通行高速公路。加之，高速公路路网的不断丰富和完善，车流量更会不断增加。高速公路要抓住广阔的市场前景，在确保主营业务收入稳步增长的同时，实施多元化经营策略，同时提高通行服务质量，积极打造运营管理品牌，运用智能化手段优化运营，相信未来一定会在实现更大经济效益的同时获得社会效益，受到社会公众的好评，吸引越来越多的车辆通行高速公路。

（二）经济功能

高速公路项目的建设具有非常重要的意义，不单单可以帮助地区设施基础有效创设，还为地区经济发展助力。

1. 提高社会生产力

高速公路项目工程经济管治体系的优化和建立是我国公路基建进步的实际要求，社会生产力的安稳和提升是经济进步的必要前提，也是经济社会进步的阶段性产物，创建高品质的高速公路，对我国的基建作用极大，并能够深入拉动社会经济的进步。总之，相关政府应该在满足社会经济生产力的根本条件上，持续强化和优化高速公路的经济管治体系，出台高效的管治举措。这样不单单可以帮助广大民众改善生活，更可以用这种方式减少高速公路的经费预算，还有助于行业的迅速发展。例如，在公路的建设实践中，优化经济管治体系能够深入完善资源搭配，持续减小成本的支出，继而确保高速公路领域发展的安稳进步，从而促进社会经济生产力的发展。

2. 收费标准规范统一

高速公路项目工程的创建，从本质上而言，就是让人们的出行更方便，让人们拥有更舒适方便的交通。现阶段我国的高速公路运营实施的是收费模式，实际收费体系存在规范统一的价格标准，仅有高速公路相关单位具有收费的权力。其他个人或单位都不可以在中间实施额外收费，这样统一且可视化的收费准则和策略，就是高速公路项目工程经济管治体系高效创建的成果，这样完整的经济管治体系，能够高效规避不科学不合法的收费状况，并进一步确保大众权益，减轻社会经济负担，继而在极大程度上加快社会经济前进的步伐，使大众的生活更舒适。

3. 保障国有资产安全

高速公路从根本上而言是隶属国家的，只是现阶段国家把高速公路项目的创建还有末期管治权限安排给少数龙头企业，能够促进高速公路进一步的发展和创收，追其本源，所属权还是在国家的手里。当高速公路的运营年限到达后，会重归国家所有，变成国家与社会经济财政的关键收入来源。在高速公路项目工程的创建实践中，深入进行高效的经济管治体系，不单单能够深入完善公路的服务年限与各种性能并让其作用发挥到极致，而且能够减轻由于管治举措不完整等带来的资源与经济收益上的影响，高效确保国有资产的上涨值。

在新时代背景的影响下，高速公路项目工程的建设有效地助力了我国经济的进步。高速公路的实际里程持续上涨，高速公路行业助力于国民经济的平稳提升，还提升了公路的科技化进步速度。高速公路项目工程的创建有着高成本、大收益的特点，在实施建设项目施工的过程中，投入的人力、物力以及财力较大，应该调整各单位经费的投资走向，继而帮助融资进程更好地实施。如果想更好地实施项目工程，就要对高速公路的经济管治系统投入更多的精力，继而更好地完成高速公路的经济收益。

（三）服务功能

1. 运行服务

高速公路运营公司生产的是一种特殊的产品，本质上就是为支付通行费用的消费者提供安全畅通的出行服务，因此无论是作为收费站、服务区等窗口服务人员，还是作为路巡、路产维护、监控等道路运行人员都应该强化服务责任意识，积极主动地为广大司乘人员提供热情周到的服务，增强他们的通行体验感和舒适感。只有这样，才会给司乘人员树立良好的形象，以吸引更多的车流通行该路段。

（1）提供全方位信息服务

高速公路运营公司可考虑与高速执法单位合作，利用公司微信公众号提供“智慧出行信息服务平台”，相关功能介绍如表1-1所示，以此实现高速路况查询、车车互联、一键救援、投诉举报、违章查询等信息服务功能，全面提升公司运营管理服务水平。

表1-1　智慧出行信息服务功能表

功能	服务内容
高速路况查询	及时准确发布高速公路路面施工、交通管制、突发事件等路况信息；智能推送路况预警和交通引导
车车互联	分区域实现车与车之间的语音聊天、信息互通；针对路面发生的紧急情况，及时插播相关信息，引导车辆提前分流
一键救援	用户通过点击“一键救援”，软件自动转化附近的路段桩号信息，公司后台监控人员根据位置信息，及时联系用户，提供救援服务
投诉举报	用户通过留言、语音、上传照片等方式对公司工作人员的服务进行监督
违章查询	为用户提供违章查询服务，引导其安全文明行车

（2）提供专业清障救援服务

可通过媒体、网络向社会公众公布清障救援服务标准，并利用监控中心接受监督、投诉。加强清障救援队伍的自身建设，经常性地组织专题培训和技能比试，对危化品、坠车、多车追尾等典型事故进行分析总结，从熟悉路网、事故处置流程和程序出发，不断提高清障救援队伍的专业水平。加强与高速执法部门的联勤联动，按照交通安全监管工作要求，规范清障救援行为，提高清障救援反应速度。

（3）构建统一协调的指挥体系

在实际工作过程中，进一步优化高速公路运营公司监控中心与高速执法队的合署办公机制，组建应急救援专门组织，该组织主要负责对重大交通突发事件进行指挥，并且与交通、消防及卫生等相关部门相协调，构建相关联动机制。在统一指挥的前提下，迅速调动救援清障、机电、收费站等力量与高速执法力量形成有机整合，使不同职能部门之间能够实现相互配合，保证突发事件或交通事故得以更及时的处置，避免造成长时间的交通中断。

2. 行车安全

（1）全面补齐安全生产工作短板

可重点从以下几方面补齐安全生产工作短板：完善道路安全设施，使之符合相关标准；加强对养护及施工单位安全规范的合约监管，杜绝养护及施工单位人员的伤亡事故；及时修补破损边网，强化行人安全教育，减少行人上道现象；加强收费站的安全源头管理，及时消除明显安全隐患；加强监控人员的安全责任教育和应急处突培训，确保监控值守人员履职到位。

（2）对社会救援单位实施严格考核淘汰制

对社会救援力量实施严格考核，凡接到监控中心通知后未在规定时间上道的应严格进行考核，对违反相关时间要求的，及时解除相关单位上道实施救援的资格。同时，对新进入的社会救援力量要认真开展培训，重点从高速公路安全常识、自身安全防护、救援时限要求等方面对相关人员进行培训，有效发挥社会救援力量的补充作用。

（3）全面增强应急处突能力

高速公路运营公司要做好突发事件应急处置相关人员、物资、设备的日常管理工作，加强应急救援人员对各级应急预案、现场处置方案的应知应会学习，确保其牢牢掌握本岗位应急处置流程。公司应根据各类应急预案，联合高速执法、消防、医疗等相关部门定期开展应急预案演练，通过实际演练提升公司监控、路巡、救援、收费等部门人员的实际操作能力，检验预案的合理性和科学性，并针对预案存在的问题及时修订和完善，保障在各类突发事件或交通事故发生时，能够迅速有效处置。

3. 道路维护

（1）养护单位合约监管

公司路产维护部要加强对养护单位的日常考核监督，主要包括资源配置情况、合约履行情况、养护任务完成情况等，考核不合格即解除合约，再以公开招标方式确定新的养护单位。

（2）养护施工安全和绿化服务

对高速公路进行预防性养护，督促和考核养护单位加强施工作业人员的安全培训，做好自身安全防护，并严格按照高速公路养护施工作业标准规范落实，预防和减少养护施工安全事故的发生。同时，针对当前绿化树木生长繁茂遮挡监控摄像头或影响行车安全的实际情况，及时安排养护人员修理，并考虑更换方便修理的其他树种。

（3）股权多元增加道路维护资金投入

针对目前道路维护资金不足的情况，可考虑推进股权多元来融资，根本上解决资金问题。通过引入战略投资者，既可改变公司资金投入不足的现状，又可以借鉴投资方先进的管理经验，推动整体管理水平的提升。另外，在解决资金问题的基础上，还应加大隐患治理、道路养护、机电维护等资金投入，切实改善道路通行条件。

（四）军事功能

随着军事斗争准备的深入推进，高速公路服务区的军事功能日益凸显，对其贯彻国防要求的迫切性日益强烈。随着我军全域作战能力的形成与发展，借助高速公路实施远距离兵力装备机动与投送、军事物流快速集结与配送，以及空军部队利用高速公路实施战机起降作战等军事行动日益频繁，高速公路的地位与作用日益凸显，其规划、建设、发展必须贯彻国防要求。高速公路为军事提供了油料、生活、车辆技术、通信和电力等综合保障，也为军事物流配送提供了保证，成为相对的综合勤务实施中心。社会对高速公路服务区的军事需求及功能拓展要求越来越多，需要对其进行新的功能定位。

四、高速公路的安全管理

随着我国经济的飞速发展，人们在交通出行方面的需求也随之提升，自驾出行逐渐成为主流出行方式，汽车已经成为现代生活中不可或缺的交通工具。

大量的机动车生产和使用给人们的出行带来了极大的交通便利，也导致了交通压力过大、交通资源的配置滞后等问题。截至2019年年底，我国人口总数高达13.9亿，民用汽车保有量超2.8亿辆，私人汽车保有量2.4亿辆。仅2019年，我国发生的交通事故造成的直接财产损失就高达134617.9万元。机动车保有量过大造成的日趋严峻的交通安全问题和交通堵塞问题，不仅危害了人们的健康安全，也使人们的出行体验大打折扣。

高速公路公司安全管理是指贯穿于高速公路运营公司各运营板块的安全生产管理。高速公路公司安全管理有如下特点。

①事故致死率较高。高速公路重在“高速”二字，民众在需要进行远程出行时，首选的便是高速公路，一定程度上缩短了民众的出行时间，但由于车辆行驶速度较快，一旦出现突发状况，驾驶人员很难对车辆进行全面的控制，会造成事故影响不断扩大，这就意味着高速公路的事故致死率较高。

②受外在影响严重。在高速公路运营过程中，其安全管理工作的开展受外在影响较为严重。首先，部分地区受当地较为恶劣的气候状况的影响，路面较为湿滑，如果不对车辆的速度进行限制，极有可能会因车速过快造成交通事故的发生；其次，部分车辆驾驶人员的素质不高，疲劳驾驶、违规停车的状况时有发生，这不仅会影响高速公路的正常运营，而且极易引发交通事故。除此之外，部分车辆性能的不足，也是造成高速公路交通事故发生的一大隐患。

高速公路运营企业不同于传统生产企业，其生产的产品不是有形的产品而是通行服务，在安全生产管理工作中与传统生产企业相比有特殊性，而这种特殊性更多体现在对运营交通事故的防控。对于高速公路公司而言，除了要防止各运营岗位人员在日常操作中发生安全生产责任事故外，还要从公司可以控制的事故因素出发，协助交通安全管理部门采取措施防控高速公路交通事故，为进入高速公路的顾客提供安全的通行产品，从而履行安全生产主体责任，这也是其安全管理工作的重要内容。所以，高速公路公司安全管理包括运营路段交通事故防控，运营路段的交通事故防控工作是高速公路公司安全管理的重要组成部分，如果没有控制好高速公路公司应当控制的交通事故因素，则交通事故就会演变成安全生产责任事故。

第二节　国内外高速公路的发展概况

一、国外高速公路的发展

（一）国外高速公路研究现状

1. 高速公路运营管理现状

国外发达国家高速公路建设起步比较早，对于高速公路运营管理而言，20 世纪 80—90 年代是国外发达国家高速公路运营服务水平快速提升的时期。

国外有两种比较有代表性的高速公路运营管理模式，主要包括以美国为代表的低收费模式、以日本为代表的政府控制下的市场运作模式。美国以非收费公路为主，公路建设主要靠财政投入，而不需要融资，目前大多数高速公路不收取通行费，美国实行收费的路段量占总数的十分之一不到，其主要特点是：运营管理效率高、管理技术先进、交通事故发生率低、装备和运营管理的费用相对较高。日本高速公路运营管理模式以政府为主导，由成立的道路公团管理高速公路，在高速公路建设初期，由于缺乏大规模资金来源，日本采取征收专项税和通行费的方式，其主要特点是：集中统一行政职能，推行业务市场化；法律体系完善；机构设置科学合理；道路公团、交通警察、消防及专业性公司各司其职，分工协作。

从国外高速公路运营管理模式看出，由于高速公路以非收费为主或者经营期限较长，高速公路运营管理单位不追求或者很少追求经济效益，导致国外专门研究高速公路公司运营管理的公司几乎没有。但是，在公共产品供应、服务营销、满足人员和车辆通行、道路养护等方面关于高速公路的研究，对我国高速公路公司运营管理有一定的借鉴意义。这主要体现在以下几方面：高速公路公司要加强高速公路的交通管理、养护管理，不断改善高速公路用户的通行体验；服务失败会对顾客的忠诚度产生严重的负面影响，顾客参与和体验对达成优质的服务起到很大的作用，启示高速公路公司除了要收费外，还要向顾客提供优质的配套服务，否则会导致顾客的流失；经营高速公路的部门自身不会直接参与到道路养护过程中，没有设立专门的养护人员、机构及设备，很大程度上减轻了开支，提升了效率。英国的国家运输部负责养护高速公路及关键的干线公路，地方政府负责其他，由地方政府财政预算内支出养护资金，同时不设立养护施工队伍，均以招标的方式承包给专业的养护企业，这为我国的高速公路养护管理模式的改革提供了参考，启示高速公路公司采取专业化的养护管理方式。

2. 高速公路服务区管理研究现状

国外针对公路绿色服务区建设的研究并不多见，但他们在与环境相融合的设计理念、应用节能技术、采取的环保措施、提升服务水平等方面的研究都值得我们借鉴。

2010年，雷纳等在2～3年的时间里分析了于英国某两个高速公路路段（包括14个服务区在内）上发生的所有致命性和伤害性交通事故，发现交通事故数量随着服务区之间距离的增加而增加，同时服务区绿化设计、开放性设计等因素也对交通事故的发生数量存在着明显影响。

2012年，阿罕默德·恺撒等通过对美国蒙大拿州44个研究点的高速公路服务区开展实地研究，基于国家服务区设计与规划操作指南提出了适用于农村地区服务区的设计规划指南。

2014年，有相关学者根据问卷调查研究发现，人们认为高速公路服务区通常在假期期间有着较高的人流量，其主要功能之一是为人们提供一个休闲娱乐场所，所以服务区除了维护普通绿地外，应当利用当地特色、迎合大众口味为每个服务区规划一个特色化、功能多样化的特殊绿地空间。

2014年，乔纳森·凯等针对美国密歇根州公路服务区，利用二元Logistic回归模型和负二项式回归模型分别分析了乘用车与商用卡车的进入数量和周转率，同时分析了服务区附近类似设施、出口及其他相关设施产生的影响，提出了密歇根州公路服务区开发需求模型。

2015年，金贤珠等将高速公路服务区定义为一个可以根据场区内部和周围环境自由构建的模块系统，将公用厕所、便利店等作为基本组件，通过模块化理念为最佳设计方案提供指导。

2016年，马尔戈萨塔等对A2高速公路服务区的八类污水处理设备进行了调查分析，通过统计高速公路上的交通量、测量用水量并计算峰值因子，发现许多情况下废水处理系统的流入量都超过了设计标准值，提出了利用土壤处理废水的方法。

2018年，徐仁国等提出，为了减轻韩国高速公路服务区特别是高油耗服务区对化石燃料这种主要动力源的依赖，以地源热为替代能源，这样既能节省运营成本，又能保持更高的能源效率，同时可以降低温室气体排放量。

（二）国外高速公路发展现状

高速公路的发展较早来源于西方国家，自德国于20世纪30年代建成了第一条具有现代意义的波恩至科隆高速公路以后，高速公路便如雨后春笋般出现在美国、日本等发达国家，其高速发展也使得服务区建设日趋成熟，这些国家从自身情况出发合理规划、优化设计，已经形成了较为完善的建设理念。

1. 德国高速公路发展

早在1928—1932年德国就建成了从科隆至波恩的第一条高速公路，1933年又建成了从柏林至汉堡的高速公路，德国高速公路的飞跃发展是从1959—1970年制订的三个“四年建设计划”开始的。截至2019年，德国的高速公路里程为1.28万km，居世界第六位。

德国对于高速公路服务设施的投入力度非常大，服务区的平均间距仅有30 km左右。服务区的规划设计与高速公路网协同并进，完全依据公路等级、沿线经济发展等具体情况实施建设。服务区内提供自动加油、免费停车等服务，除快餐、超市外还设置有咖啡厅、甜品店、纪念品店、儿童娱乐区等场所供司乘人员娱乐休闲。

2. 美国高速公路发展

美国于1937年建成了加利福尼亚州高速公路。美国国会于1956年通过了立法，正式开始全国高速公路网的建设。至1993年，美国是世界上拥有高速公路最多的国家，其中纽约至洛杉矶的高速公路全长4156 km。高速公路连通全国除夏威夷与阿拉斯加以外所有各州5万人以上的城镇，对美国的社会经济发展产生了重大影响。截至2019年，美国的高速公路里程为7.52万km，居世界第二位。

美国的高速公路服务区分为政府投资经营和私人投资经营两类，政府投资经营的服务区大多设于沿线，服务设施较为简单，而私人投资的服务区大多设于高速公路出入口，功能设置丰富得多。服务区的研究在美国主要集中在20世纪90年代的初期到中期，美国尤其注重服务区等交通设施对周边环境的影响，以沿线场地环境为根本充分顺应地形，体现了乡土地域化的设计理念。

3. 日本高速公路发展

日本1957年颁发了高速公路干道法，1963年第一条高速公路——名神高速公路建成通车。日本高速公路的发展起步晚，但发展速度快，到1997年已建成高速公路5677 km，初步形成以东京为中心，纵贯南北的高速公路网。截至2019年，日本的高速公路里程为0.78万km，居世界第八位。

日本对于高速公路服务区的研究最为深入，对服务区建设的要求有统一规定。因此，日本高速公路服务区的建设理念相对成熟完善。服务区不仅提供了诸如加油、购物、汽修等基本服务，还通过电子信息装置，在休息大厅为人们提供全国道路交通情况、股票行情等信息。同时，日本还很注重服务区的景观设计，通常要结合当地自然地理环境将服务区打造成为该地区的一个景点，广泛吸引游客。

二、国内高速公路的发展

（一）国内高速公路研究现状

我国的高速公路建设始于 20 世纪 80 年代末，开始之初到相当长时间内，人们关注的焦点主要集中在高速公路建设方面，对高速公路运营管理的关注度比较少。随着我国高速公路事业的迅速发展，以及高速公路公司运营管理模式的大面积实施，如何提高运营管理水平和服务质量，成为各经营路段高速公路公司关注的焦点。关于高速公路公司运营管理的研究，国内学者做了大量努力，并取得了一些成果，主要集中在以下几方面。

1. 关于高速公路变革背景下的运营管理模式变革的研究

在当前省际收费站全面取消、ETC 大规模推广、科技信息技术迅速发展的背景下，高速公路公司的运营管理也要随之做出调整。王自来围绕信息化时代背景下的高速公路运营管理问题展开了研究，提出了将信息交互、交通综合管理、移动应用、任务管理、收费业务管理融为一体的高速公路运营管理平台构建。李卓丹以广西高速公路为例研究了通过运用信息化、智能化手段改革收费管理模式和养护管理模式，提高高速公路运营管理效能。边晓慧针对高速公路运营管理的挑战和机遇，提出了数字化、智能化两个时代以及取消省界收费站、全网 ETC 收费、全网无感收费、智能化服务四个阶段的发展技术路线。宋茂兵基于 ETC 推广普及的大背景，提出了从规划先行、智能引领、市场运作等方面提升高速公路运营管理的水平。张锦构建了基于云计算环境下的我国智慧高速公路总体的设计架构，对未来高速公路智慧运营管理有借鉴意义。杨宝静从对取消省界收费站工作的前后变化的分析入手，给出了天津市收费运营管理未来应采取的部分措施，为高速公路运营管理与服务的同行们提供了借鉴和参考。

2. 关于高速公路运营管理宏观调整的研究

官炎东从战略管理角度以某高速公路公司为例对高速公路公司运营管理进行了研究，运用 SWOT 等战略工具对高速公路公司运营内外部环境进行了详细分析，提出高速公路公司通行费收入等核心业务选择以及物流园区建设、服务区经营、利用已建好的融资平台融资等次核心业务选择的发展战略。史琦提出了优化运营管理的五大原则，强调高速公路运营管理企业应加强文化建设，树立服务品牌意识，实施严格的安全管理措施。毕莉以山东省为例研究了高速公路运营管理，提出了推行高速公路营销服务、推进养护体制改革、大力发展高速公路辅业、强化高速公路运营管理法律保障等深化运营管理改革的措施。

3. 关于高速公路运营服务质量提高的研究

丁战兵针对高速公路运营管理服务中存在的养护效率低、监控体系不完善、服务区项目有限等问题，提出了注重高速公路信息服务完善、做好灾害天气行车保障、完善高速公路事故预警处理等的对策建议。梁文浜从做好文明服务、做好价值创造、做好品牌创建三方面提出了高速公路公司实现运营管理高质量发展的主要路径。王楠从创建运营服务质量管理体系、加强高速公路通行保畅能力两方面提出提升高速公路运营服务水平的策略。

4. 关于高速公路运营管理品牌打造的研究

李海洋以江苏省高速公路运营管理品牌为例，提出了高速公路公司品牌创建“四步法”。张新斌以“铁建高速”为样本，提出了高速公路公司运营管理品牌打造的具体途径和方式。罗巍从品牌建设角度对汉十高速公路运营管理进行了研究，提出了高速公路品牌建设的规划，并提出通过实施“党建引领”“管理创效”“主业创亮”“服务创美”“智慧创新”“品牌创响”六大工程保证品牌建设规划运行的机制。

5. 关于高速公路主要业务板块运营管理优化的研究

高速公路收费运营管理方面，郭夕芳通过分析高速公路收费运营管理中的问题，提出了制定健全的薪酬机制、加强员工的人身安全管理、加强收费运营设备建设等工作措施。高速公路服务区运营管理方面，唐耀祥以山西省高速公路服务区为研究对象，对其运营管理现状进行了实地调查与评价，为服务区运营管理的优化提供了参考。韩英容基于服务区运营管理方面出现的问题与成因为出发点展开分析，提出运营管理模式优化策略。高速公路机电运营管理方面，杜永生针对当前的问题提出做好机电设备的配置与使用控制、做好日常养护工作、引入信息化技术辅助运行管理等运维策略。

此外，我国相关专家学者也针对公路服务区的规划设计、节能措施、服务提升、绿色技术等方面展开了广泛研究。2006 年，郑东军等结合河南省服务区工程实例，从生态建筑设计思路、流线布局、标志性形象、生态技术 4 个方面阐述了生态化、系统化、个性化服务区的设计方法和要点。2011 年，李慧玲以陕西省服务区为例，通过借鉴国内外绿色建筑的设计理论和方法，对服务区建筑规划布局和设计方案的不足展开分析，以要素分析为出发点提出了绿色建筑理念下高速公路服务区的设计策略。2017 年，徐亮等分析了湖北某服务区的工程建设、管理、运营维护，以水资源利用为出发点，从污水处理、废物处理、清洁能源利用等方面提出了建设可持续性发展型服务区的新模式。2018 年，袁勇从服务区改造提升的需求出发，结合道路、建筑、能源、智能化等方面的绿色技术应用，构建了一个高速公路绿色服务区评价指标体系，对推动绿色服务区建设发展提出了对策和建议。2019 年，丁淑巍等针对我国服务区设施老旧、功能单一、千篇一律、价值不高等现存问题，提出了服务区功能拓展和转型升级的发展对策，同时提出了“服务区 + 旅游”“服务区 + 商业”等的发展方向。2019 年，陈芳等基于低影响开发理论，利用暴雨洪水管理模型，从透水铺装、绿色屋顶、下凹式绿地等方面为海绵型高速公路服务区的开发建设提供对策，针对其雨洪控制提出设计要求。

总的来说，我国关于公路服务区的研究相对较晚，起初仅将其作为交通服务设施对位置、规模、功能提出简单要求，之后交通运输部推出《高速公路交通工程及沿线设施设计通用规范》（JTG D80—2006）、《公路工程项目建设用地指标》（建标〔2011〕124 号）、《公路工程技术标准（平装版）》（JTG B01—2014）等技术规范标准对服务区建设的设计指标、用地指标等内容做出规定。2018 年 5 月交通运输部颁布了《绿色交通设施评估技术要求第 2 部分：绿色服务区》（JT/T 1199.2—2018），清晰界定了绿色服务区及其他相关概念，从服务区建设的全生命周期出发，对每一项指标提出了具体的评估要求。然而，从黑龙江省公路服务区发展的实际情况来看，绿色服务区的设计理念尚未形成，绿色服务区的建设运营尚属空白，该项评估技术要求不能完全适用于黑龙江省内绿色服务区建设的实际情况。

（二）我国高速公路发展现状

伴随我国经济的快速发展，高速公路建设里程不断增加，高速公路路网不断完善，选择乘车或驾车通行高速公路成为越来越多人的出行方式。当前，“一路一公司”的企业化高速公路运营模式成为主流，随之而来的是高速公路运营公司在运营方面暴露出的一些问题，如服务不到位、道路拥堵、事故多发等。

1. 我国高速公路的发展过程

我国地大物博，人口基数大，近年来，我国的综合国力快速发展，人们的出行方式也越来越多样，如火车、汽车、高铁、飞机等出行方式，交通对我国的重要性不言而喻。其中交通发展的重中之重就是高速公路的建设，它是实现社会繁荣和进步的实体基础，人们出行的安全、质量取决于高速公路的服务水平，反之，高速公路的服务水平反映出了当前国家的综合国力，高速公路的建设能带动沿线经济的发展，为人们走向美好幸福生活提供便利。与西方发达国家相比较，我国的基础设施建设起步较晚，且基础较差，技术水平落后，但是我国建设发展速度之快是西方任何国家都比不上的，其中交通建设更是如此。

我国的第一条高速公路于 1988 年修建，是沪嘉（上海—嘉定）高速公路，全长 20.4 km，4 车道设计。我国高速公路的发展可分为如下三个阶段：第一阶段（1988—1992 年）为起步阶段，每年修建的高速公路通车里程为 50 ～ 250 km；第二阶段（1993—1997 年）是发展阶段，发展速度较快，每年高速公路通车里程为 450 ～ 1400 km；第三阶段（1998 年至今）属于井喷期，得力于国家财政的大力支持，全国各地的高速公路建设迅速发展，遍布全国的高速公路网络逐步成型。随着我国经济社会的持续发展，高速公路建设里程也不断增加。根据 2019 年交通运输行业发展统计公报数据，截至 2019 年年底，我国已拥有高速公路 14.96 万 km，与 2018 年末相比共增长 0.7 万 km，位居全球第一。

2. 高速公路服务区的发展

我国的大多数高速公路服务区建筑在 1 ～ 3 层，以提供停车、购物、餐饮、加油等功能为主，但部分服务区在建筑风格、建设规模、功能多样性、服务水平等方面存在较大差异。20 世纪 80 年代以来，我国坚持以可持续发展为指导思想并将其贯彻于交通领域等各个行业。公路服务区作为远离城镇的独立系统，更加应该顺应时代发展要求，在满足人们生理需求、心理需求的同时深入推进绿色交通可持续性发展，在节约集约、低碳环保上做得更好。全国各个省份地区已经开始将绿色服务区建设作为交通运输工程重点项目来实施，如浙江省将湖州市 G25 长深高速太湖服务区打造成为绿色生态型服务区，满足了司乘人员停车休息、餐饮购物、加油充电等需求，完善了母婴室、司机之家、信息查询等公共服务，并通过服务区污水纳管工程实现了中水回用，对生活垃圾进行了无害化处理等；河北省在延庆至崇礼高速公路赤城服务区的建设过程中采用了与当地环境相融合的建筑设计，以“人”字形架构建设南区综合楼，并辅以“城墙式”架构建设北区综合楼，形成了北区南望古烽火台、南区北瞰古城墙的绝佳视角，同时还采用了海绵广场等新技术等。

3. 智慧高速公路的发展

智慧高速公路的发展历程是不同阶段新技术在公路交通工程领域广泛及深度应用的体现，从广义角度可以追溯到 20 世纪 90 年代公路交通工程专业的发展。按照不同时期交通信息应用的广度与深度以及与新技术的融合程度，智慧高速公路的发展历程大致可理解为以下四个阶段。

第一阶段——2010 年以前基于公路机电系统“半自动或自动化”的交通管理阶段，尚未形成“智慧”理念。经过近 10 年的建设，该阶段形成了以高速公路通信专网为传输通道，在省城内形成分路段或分片区联网的运营管理模式；不同区域大致形成了“省级管理中心—路段（或片区）分中心—现场设施”三级联网的管理模式。

第二阶段——2010—2015 年，交通运输部提出了“四个交通”的理念，即建设综合交通、智慧交通、绿色交通和平安交通，要求从部、省两级提升高速公路的管理和服务水平，大力提高高速公路监控、通信、收费等系统的信息化程度，实现公路机电系统的全国联网运营管理，保障高速公路和国省干线公路的良好运行，进一步提升公路交通异常突发事件的应急处置能力和公共服务水平。此阶段重点是完善和升级公路交通机电系统，深化部、省两级的交通信息联网工程，且基于智能交通内涵提出了智慧交通的概念。

第三阶段——2015—2019 年，在国家相关部委的政策的引导下，重点推动交通运输信息化和“互联网 +”在交通领域的深化应用。根据国家信息化工作方针，统筹考虑交通行业信息化发展的实际需求，进一步落实各省交通信息化的建设任务；基于高速公路机电系统联网工程，着力完善路网运行监测和异常事件应急处置系统、全国治超联网管理信息系统、“两危一客”运输监管系统等，选择建设一批智慧公路示范工程。

第四阶段——2020 年至 21 世纪中叶，到 2035 年要基本建成现代化综合交通体系；到 2050 年基本实现智慧交通的强国目标。现阶段应以取消省界收费站为契机，加快推进自由流收费应用服务及技术升级，降低收费公路运营管理成本，推进公路交通视频云联网；有序推进人工智能、物联网、5G 通信、大数据、云计算、北斗导航等现代技术在公路机电系统中的升级应用；充分挖掘大数据资源助力公路交通发展，进一步加大车路协同技术的研发力度；全力推进智慧高速公路的深度建设，实现新时期“安全、畅通、舒适、经济”的公路交通建设目标，完成智慧交通的“初心和使命”。

（1）提高科技智能化水平

在现有科技设备的基础上，逐步推进科技智能化建设。围绕提升安全风险辨识管控能力、事故隐患预测预警能力和新情况及时发现感知能力，推进风险预警、监视平台设施或设备的建设，如远程监测预警、自动化控制和紧急避险、终端信息传递、自救互救设施、远程视频实时传输设备、雾天行车安全诱导装置、照明强度自动控制设备，逐步形成在线监测和预警防控等互联互通、资源共享的信息化“一张网”，进一步降低运营路段事故率，提高运营管理效率。优化设施设备，提高事件检测系统的精准性，强化监控设备的自动轮巡功能，保证准确、及时地发现安全隐患。开展高速公路隧道群安全监控平台研究，提升隧道突发交通事故、火灾事故的应急处置效能。推动“机械化换人、自动化减人”的发展，提高养护效率，降低安全风险。探索北斗导航、5G 技术在高速公路运营管理中的广泛应用。全面推进车路协同系统建设，进一步探索车路协同系统向着支撑运营管理方向的应用，发挥系统价值。

（2）重塑机电业务推进智慧运营

高速公路机电系统设备承担着收费、监控、通信、供配电、照明等功能，占有举足轻重的地位，机电系统的好坏直接影响着高速公路的运营质量。为适应机电业务快速发展的迫切需求，高速公路公司可以对标业内高速公路经营标杆企业的机电业务管理模式，聚焦高速公路系统升级改造和运营维护，按照“品牌化、专业化、职业化、集约化”的发展理念重塑机电业务，具体如下。

①建立专业化的机电业务模式，助推智慧运营创新发展。从未来发展来看，收费系统设备在机电业务的占比呈持续下降趋势。高速公路机电系统如收费系统、监控系统、通信系统、供配电系统、照明系统、通风系统、消防系统、火灾报警系统等各分系统是一个有机整体而相互关联、相互依赖。因此，机电业务功能定位和市场主体角色将更加明晰，通过业务结构、发展方向、权限责任和组织结构等方面的深化改革，实现专业化的建设、管理、运营和维护，为智慧运营提供贴心服务，为高速公路公司运营快速健康发展保驾护航。本书建议高速公路公司深入研究机电设备智慧快速运维业务，建立统一机电运维管理平台，择机成立专业化机电公司，推进机电标准化、智能化升级。

②实施职业化的机电运营方式，全面提升运营人员专业素养。通过对高速公路机电维护的职业化建设，逐步培育认知度高、影响力强的机电业务人才，有力提升机电运营的专业化水平，为高速公路机电规划、方案设计等提供专业的技术支撑，并为后期运营业务接管做好人才培养，逐步获得各级交通主管部

门的认同，力争成为同行业学习、考察、对标、交流的对象。

③采取集约化的机电维护管理方式，有效降低企业运营维护成本。高速公路公司机电系统的规模会伴随其运营管理里程的增加而扩大，且机电系统维护工作绝大部分是自行维护。为了降低高速公路机电设备的维护管理成本，可以对高速公路的机电系统设备进行一定的集约化管理，整合优势机电系统设备资源，实现运营成本的最优化。

第三节　高速公路对沥青路面的要求

沥青路面的使用性能分为结构性使用和功能性使用两个方面。这两个性能实际上反映了行驶车辆对沥青路面使用品质和使用寿命的基本要求。一个完善的路面结构既应满足结构性使用性能的要求，也应满足功能性使用性能的要求。总结我国高速公路修建以来早期的损坏情况，当前急需解决构造深度与密实耐久、低温抗裂与高温抗辙、疲劳裂缝与收缩裂缝的矛盾。

为了更好地符合现阶段国家和人民对道路交通的建设要求，提升高速公路的质量，以及车辆和人员的安全，发挥其重要的交通枢纽作用，提高地区之间的经济和文化的交流发展，政府和社会应重视对高速公路的建设工作，这关系着高速公路的使用安全和使用寿命。但是在传统的施工方式中，因为路面地基之间的差异性，常会导致施工质量不能满足实际需求，或者在使用过程中发生路面沉降等问题。如果不能提高施工工艺，就会严重影响高速公路的工程质量，以及地区之间的经济发展，乃至国家对高速公路网的后续规划工作。

一、高速公路沥青路面材料要求

（一）道路石油沥青

现阶段我国高速公路的路面建设中，应按照高速公路的标准要求，从沥青的延展度、软化点等方面考虑，使用A级的沥青材料。同时还要勘察施工路段的天气变化、车辆通行情况、路面类型等，进行有针对性的调整。例如，对于荷载负担大的路段，要选择黏稠度大的沥青材料；夏季经受长时间高温的路面，可以选用60 ℃的沥青；冬季寒冷的地区，要注重沥青的低温延展性大、黏度小。在沥青的选择方面，需要由设计单位在图纸设计时做好勘察和分析后进行选择。

（二）其他类型沥青

面对不同地区高速公路的差异性需求，还有很多其他种类的沥青可以进行选择，如乳化沥青、液体石油沥青、埃索沥青、壳牌沥青等。这要求施工单位和施工人员在进行施工前，应做好对不同类型沥青的区分工作，严格禁止混用的情况发生。同时也要注重喷洒量要适度，以免造成喷洒不均的情况出现。

（三）粗细集料

骨料的材质一般以碱性为主，原岩以碳酸盐岩为主。粗骨料中对于碎石、钢渣等的选择，应确保密度、压碎值等参数都符合高速公路的施工实际要求，尤其要注重高温加热时的性能要求在规定的范围内。在与沥青混合的过程中，还要保障骨料的黏附性，以有效地对抗剥落。对于路面沥青混凝土，要注重对耐磨性的选择。粗集料可以使用玄武岩，细集料的颗粒级要求应符合相关路面施工标准，以保障高速公路路面的稳定性和安全性。

（四）填料及其他材料

矿粉应使用强基性岩石，进行磨细处理，避免采用粉煤灰。沥青拌和站回收粉的量不能高于 25%。同时，为了满足对不同地区、不同路面情况的施工实际，还应该添加如木质纤维、阻燃剂等其他材料，以保障高速公路功能性的拓展延伸。

二、高速公路沥青路面施工要求

高速公路各个路段的实际情况不同，导致面层、路面的薄厚程度也存在差异。通常一些地区因为填方高，在道路使用一段时间后，沉降以及地陷的情况较为突出。如果挖开地基，则会导致路面等设计线有较为明显的差异性，使得后续铺筑工程困难增大。同时，因为明确的施工要求，地基的厚度不能低于最小值，也不能高于最大值，所以不能对所有路段的路面设计和铺设要求进行统一的规定；有些地基被毁坏的面积小、纵深大，容易造成铺设后的施工困难，也影响了施工的整体进程。这些因素都会造成路面施工技术存在困难。

（一）施工技术要求

为了可以更加形象地展现沥青路面的施工技术，以双向四车道为例进行讨论：假设某条高速公路时速为 120 km、双向四车道的宽度为 26 m，并假设其修建完成之后质量都符合相关的质量要求，并有良好的通行效果。但经过多年的通车运行，该条高速公路已经无法再保障通行的安全和质量，假设需要对本路段进行改扩建，那么在道路拼接施工前，要对原有的路面进行有效的测评。如果路面破损面积较小，强度也可以达到一定标准，在施工时就可以保留原有的地基，达到降低施工成本的目的；如果路面破损较严重，并且相关的质量参数也与相关的高速公路安全标准差距较大，同时表面已经出现裂缝或车辙等痕迹，那么对该条路面改建施工就首先需要进行路面铣刨的工作，之后才能进行路面铺设。

（二）对旧路面的铣刨工作要求

在进行该工程之前，应先分析旧路面的结构，如果条件允许则应该使用之前路面的结构材料，以有效降低施工的成本。进行铣刨施工时要注意以下几点：如果原高速公路路面材料还比较齐全，可以进行适当保留，以降低施工成本；在施工过程中要注意避免水分的渗入，做好相关的防水施工，以保障原路面的使用性不会受到影响。

（三）对基层的拼接施工要求

在高速公路路面的基层拼接施工中，对路面拼接施工的尺寸和标高准确性都有着非常严格的要求。同时这两项参数在基层拼接操作中，都起着十分重要的作用。基层高度不能太高，以保障施工的质量，如果高度超过 20 cm，那么在施工现场进行实际的铺筑施工时，相关的施工人员就应该用两层拼接的方式进行，避免因基层高度过高，而影响施工的质量。基层的总高度，需要结合拼接台顶的高度以及硬路肩边缘的实际高度最终确定。在进行基层的加宽施工时，应该结合基层的厚度，采取不同的施工方式。例如，假设基层的厚度没有达到 40 cm，旧路基的厚度超过了 25 cm，此时为了保障施工质量，应该分两次进行：第一次施工时，旧路基基层厚度应该与上层厚度一致，为 20 cm；第二次施工时，下基层的厚度，为总层数厚度减去 20 cm。同时为了确保各层都可以有符合标准的黏合效果，保证路面拼接施工的实际质量，还要在添加土工格栅以后，喷一层粘层油。

（四）对中下面层的施工要求

在进行路面施工的过程中，为了使得下面层的宽度与标准高度参数相同，那么下面层的宽度就应该是设计宽度减去下面层的宽度的差值。对于外侧的加宽路面，其下面层上部的标准高度，应该是硬路肩部的标准高度减去加宽路段的总层数的厚度。通常在施工现场，为了确保路面施工的效率，一般采用两台铺路机同时进行施工。两台铺路机，采取纵向行驶的施工方式，并且两台机器之间的距离，保持在 5 m 之内。为了确保施工过程中的前进方向，可以将钢丝线设置在一台铺路机的外侧，来进行方向的矫正，内侧使用横坡仪进行有效的控制。对于钢丝线的基准面要求，应根据相关的参数标准，另设一台设备使用横坡仪来进行控制。

（五）对上面层的施工要求

通常，上面层的摊铺宽度，就是路面的设计宽度。在进行施工时，使用三台铺路机同时以梯形排列。为了保障拼接路面的效果，先要对路段的一些病害进行处理再进行摊铺工作，以确保拓宽路段与原路段的连续性。

（六）对接缝的施工处理要求

需保证拼接施工的整体效果。要确保接缝的缝隙密实平整，以免因不符合标准，造成整体施工质量的水平下降。也可避免在车辆通行的过程中，因不够密实而发生危险。为了避免接缝处沥青出现剥落，可以在接缝内侧涂抹乳化沥青层。在接缝 35 ～ 50 cm 的位置进行碾压操作，以避免沥青层推移的现象出现。

总而言之，高速公路作为现阶段我国重要的交通枢纽，路面施工有助于更好地提升高速公路的使用效率，以及车辆通行时的安全。随着相关技术的发展，以及人们意识观念的提升，施工的质量和进度都有了极大的提高和加快，从而使高速公路也更广泛地应用于我国各地区。沥青路面的拼接工作，是一项专业化的施工工艺，对施工技术和各环节都要严格控制，降低可能影响的因素，以保证高速公路的质量和安全。现阶段，随着我国路面改建工程数量的增长，为了保障拼接施工的质量和安全，需要对相关的施工工艺加以重视，提高拼接工艺的施工效果，以便更好地提升高速公路的工程质量。

第二章　高速公路沥青路面病害

随着高速公路沥青路面运用的逐渐推行，沥青路面也显露出不少病害问题，这些病害的出现，会影响道路的使用寿命、行车安全、道路交通管理。如何正确地了解、认清、处理这些路面病害，是目前高速公路养护工作的重点，需要引起重视。高速公路沥青路面病害有许多，形成的原因也是多种多样，车辆在高速公路上运行长时间后路面出现问题是很正常的，但要区分病害种类，对于高速公路养护人员来说却是一大难点。本章分为沥青路面车辙病害、沥青路面水损害病害、沥青路面裂缝病害三个部分，内容主要包括沥青路面车辙、水损害、裂缝三种病害的分类、形成原因、预防和处理措施等。

第一节　沥青路面车辙病害

一、国内外对沥青路面车辙病害的研究现状

沥青路面的病害，尤其是高温及重载产生的车辙病害，一直以来都是国内外专家和学者重点分析研究的对象之一。

（一）国外研究现状

2009 年，贝赫巴哈尼分析研究了纤维类型和含量对石基沥青混合料车辙性能的影响，在研究中使用了纤维素纤维和矿物纤维两种材料，确定了对应每种纤维百分比的最佳沥青用量，并检核对比了其对 SMA 材料的马歇尔稳定性、间接拉伸强度以及流动参数的影响。结果表明，纤维类型和含量的变化可导致 SMA 材料的车辙性能发生相当大的变化。除此之外，考虑到潜在的车辙影响，给出了每种纤维类型的最佳百分比含量。

2011 年，瓦拉·莫格瓦及亚历山大·沃斯特曼等专家研究了密度对热拌沥青混合料疲劳开裂和车辙性能的影响。在沥青混合料性能研究中，他们采用疲劳试验和车辙电位试验，并利用沥青路面分析仪和流数试验，对沥青混合料的刚度、

疲劳开裂特性进行了评价。此外，他们采用力学－经验路面设计指南的破损预测方程，以密度函数的形式预测混合料的性能。通过测试分析和力学经验路面设计指南预测，高密度试样的疲劳性能和车辙性能均得到明显的改善。

2013 年，赫兹・凯特及泰森・凯迪威等学者通过动态蠕变车辙试验对石灰石和玄武岩沥青混合料在四种不同的温度（40 ℃、50 ℃、60 ℃、65 ℃）和一个 8 Hz 的加载频率下进行车辙性能的比较，通过对加载循环中产生的车辙深度的差异进行统计，综合对比分析了石灰石和玄武岩沥青混合料两种材料形式下产生的车辙情况。

2015 年，沙夫等学者通过 Superpave 设计的混合物研究 NPA 聚合物改性剂对沥青混合料的车辙行为的影响，开发了两种不同类型的密集分级 Superpave HMA 混合料。结果表明，两种混合料均通过了 Superpave 体积性能标准，这表明该混合料的耐久性和柔韧性满足路用性能的要求。此外，在车辙方面，Superpave HMA 混合料和 NPA 混合料之间存在显著差异，前一种混合料经过 8000 次后的车辙深度为 5.94 mm，而 NPA 混合料的车辙深度为 2.98 mm。NPA 混合料的车辙试验结果表明其抗车辙性能可以提高 3%，这源于向沥青中添加 NPA 混合料能够显著改善沥青性质，从而增强了沥青混合物的抗车辙性能。因此，NPA 聚合物可用作沥青改性剂，并且在未来的路面材料和建筑领域具有改进的潜力。

2018 年，阿罕默德・恺撒利用有限元程序，通过建立两种研究模型，研究了高温对柔性路面车辙损伤的影响。第一个模型仅考虑了交通荷载，第二个模型加入交通荷载和温度荷载的耦合作用，试验结果表明，交通荷载和温度荷载对柔性路面车辙损伤有非常明显的影响，较高温度对道路面层、基层和路基层车辙深度的影响分别为 2.3、3.1 和 4.3 倍。对于第一种只有交通荷载的模型，最大临界竖向应变只集中在路基层顶部，而在交通荷载和温度荷载联合作用下，由于温度升高，临界竖向应变随之扩展到基层。此外，相比于交通荷载模型，在交通荷载和温度荷载叠加条件下会获得更可靠的试验结果。

（二）国内研究现状

2009 年，长沙理工大学王辉教授等通过对夏季高温地区以及重载作用下的京珠高速公路沥青路面病害的调查分析，发现车辙病害较为严重的地方均发生在路面结构的面层上，而且中面层的变形约占车辙总数量的 60%。在高温和重载作用下，计算和分析沥青路面结构层的力学指标表明，中面层的最大剪应力出现与否与重载、高温的影响条件不存在任何关系。研究过程中，先后采用了方差分析和相关分析法，得出在车辙深度的影响因素中，中面层动稳定度的影响最为突出。于是找到了车辙深度和动稳定度之间的内在联系，在此基础上，本着抵抗车辙为出发点，减小车辙深度为目的，王辉等对沥青混合料稳定度的取值给出了明确的答复。

2011 年，栗培龙教授采用汉堡车辙试验系统进行了全面的车辙试验，基于力学理论、材料性质、仿真模型等诸多方面对沥青混合料路用性能进行研究，并以影响因子评价车辙深度，在此基础上建立了沥青混合料车辙预估模型。通过在 40 ℃、50 ℃和 60 ℃温度环境条件下，对 AC-13、AC-16 和 AC-20 这三种混合料进行的试验来确定模型的参数。通过试验结果确定车辙深度与力学、材料、模型、外部环境以及试验方法等的数学关系。最后通过实际的路段车辙调查对模型参数进行修正，为沥青路面混合料设计提供了参考。

2013 年，同济大学的学者们通过对比间断级配橡胶沥青混合料的指标性能，研究了 ARAC13 的抗车辙性能，通过压密前后的性能变化以及重复加载蠕变试验 2000 次以后，得出的应变次数曲线斜率可以用来评价 ARAC13 的抗车辙性能。试验结果表明，ARAC13 的抗车辙性能要优于 SMA13。

2015 年，同济大学孙立军教授等通过对全国各地高速公路的轴载数据的调查，得出不同轴载作用下的沥青路面剪应力场，并分析了轴载对沥青路面车辙病害的影响，进而研究了轴载限值的确定办法。分析研究表明，不同轴载作用下，路面结构层内相同位置处的剪应力数值相对比较接近，轴载对路面变形的影响可分为三个等级：第一个，小于等于 10 t 的轴载，路面具有很稳定的抗力；第二个，10 ～ 15 t 的轴载，路面具有较稳定的抗力；第三个，大于 15 t 的轴载，路面稳定抗力不足，当采用抗剪强度较高的改性沥青时，沥青路面车辙病害就会较少。

2018 年，华中科技大学的学者在通过 Burgers 模型解释沥青基质的黏弹性基础上，确定了模型的参数，建立了几何模型，再次利用离散元法对车辙变形进行了数值模拟，研究分析了材料、荷载以及温度条件下的车辙变化情况。结果表明，温度对沥青路面车辙的最大影响位于沥青软化点处，当温度远离软化点的范围之后，沥青混合料的整体性会比较好；当温度超过沥青软化点时，混合料的整体性明显变差。综合结果表明，当超载和高温同时存在时，车辙变形会明显增大，从而降低路面使用的安全性能，带来严重的事故隐患。

二、车辙病害分类

车辙是高速公路沥青路面严重病害之一，当高速公路沥青路面有大量车辙时，会对路面的正常使用产生严重影响。该病害通常出现在交通量较大且高温地区的高速公路中，表现在固定的轮迹带位置有变形，横断面有明显落差。车辙按照变形原因可以分为结构性车辙、失稳性车辙、压密性及磨耗性车辙。

（一）结构性车辙

结构性车辙是由于外部荷载作用而导致沥青路面发生的永久性变形，其主要产生原因为基层、路床承载力不合格，在车辆动荷载的反复作用下，局部就会形成下沉。结构性车辙一般呈 U 形，它的出现是因为路基受荷载产生变形，并发射到沥青路面所引起的。结构性车辙的变形量小，但宽度十分明显，不易修复。

（二）失稳性车辙

失稳性车辙主要发生在南方地区的夏季，因为其受温度变化影响较大，通常是高温导致的，黑色路面很容易吸收太阳热量。一般情况下，当沥青路面地表的温度超过 60 ℃时，沥青就会发生软化，在外力作用下沥青路面结构层内部材料流动出现横向位移，进而在车辆通过后形成车辙。

失稳性车辙危害程度较大，经常出现在高速公路的上坡路段，尤其是山区高速危害更加严重。失稳性车辙往往呈 W 形，其形状的产生主要与车轮构造、车速、车轮胎行驶所受的横向应力等因素密切相关。

（三）压密性及磨耗性车辙

压密性及磨耗性车辙主要是因为高速公路沥青路面结构层在反复车辆荷载、自然环境等因素作用下，沥青被碾压或侵蚀导致。此类车辙主要是由于面层结构材料为非耐磨性碎石，面层结构级配不合理、骨架不密实等问题引起，并通过车辆轮胎长期磨损而形成的。

三、车辙病害产生机理及养护技术

（一）车辙病害产生机理

高速公路沥青路面车辙病害产生机理主要有内因和外因两个方面，前者包括沥青混合料和路面结构类型等因素，后者包括气候变化、交通条件、施工质量等因素。沥青混合料强度由其内摩擦角和黏聚结力决定，可以用摩尔－库伦理论解释这一现象。经过大量的调查研究发现，沥青路面在行车荷载反复作用下的车辙形成可以分为三个阶段，如图 2-1 所示。

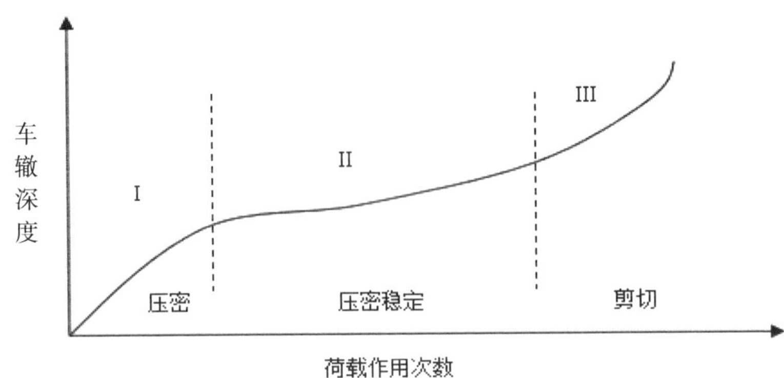

图 2-1　沥青路面在行车荷载反复作用下的车辙形成

1. 后续交通压实

对于沥青混合料而言，以粗细集料和矿粉、沥青为主要成分的松散混合物是碾压成型前的状态。在压路机的碾压作用下，处于半流动状态的混合料被逐渐压密，并且形成了三相体的结构，而这一结构的主要组成成分就是矿料、沥青、空隙。在汽车荷载作用下，微量的永久变形得以形成。

此外，在开放交通后，车辆交通对路面所起的作用有两种：第一，在逐渐压密的情况下，混合料愈加稳定；第二，出现失稳流动性车辙。

2. 沥青混合料的流动变形

高温下的沥青混合料是一种半固体的状态，并且以黏性状态为主。受轮胎荷载作用的影响，沥青及沥青胶浆将处于一种自由流动的状态，在这种情况下，路面的受载处会出现压缩变形。

3. 沥青混合料的结构性失稳变形

轮迹两侧的隆起是失稳变形的主要表现。在压密和剪切变形的综合作用下，沥青路面结构层以及基层的车辙发生了一定的改变。通过对试验路开挖以及环道试验路的研究，有关的道路研究者对车辙的形成过程进行了总结：在道路的初始阶段，相比于两侧的隆起，轮胎下方的永久变形更明显。

（二）车辙病害的影响因素

对车辙病害的影响因素进行划分，可以将其分为两部分，即内因和外因，其中，沥青混合料材料本身和沥青路面结构设计属于内因，而相关的外界因素如交通、气候、施工质量等则属于外因，具体如图 2-2 所示。

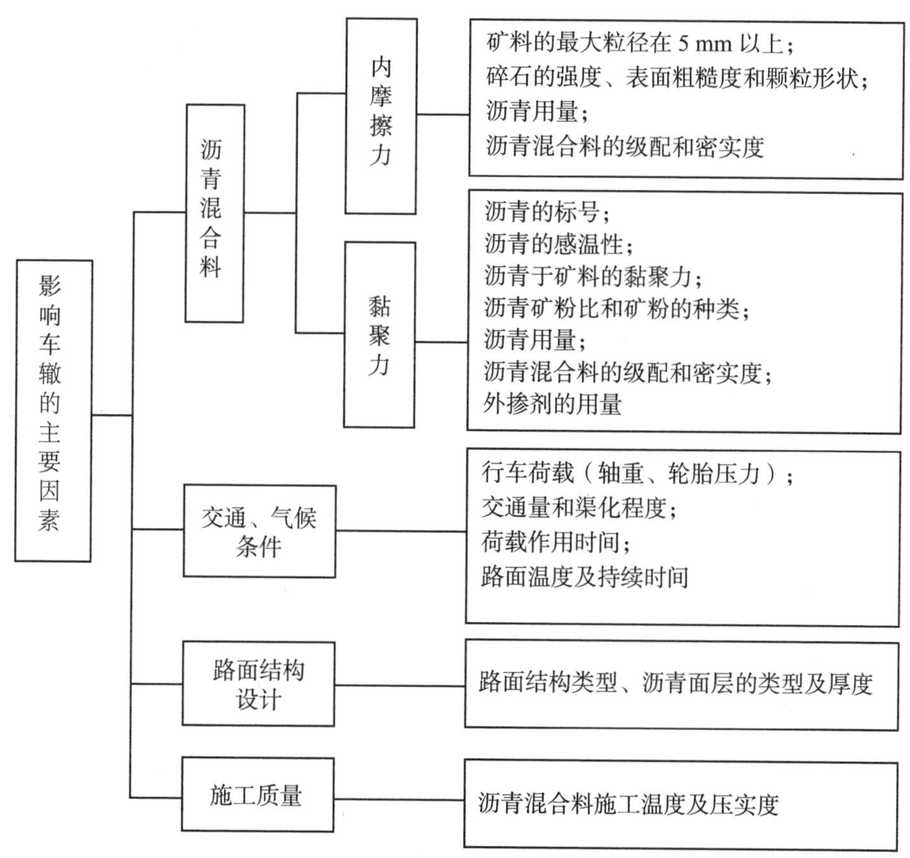

图 2-2　车辙病害的影响因素

（三）车辙病害养护技术

近年来，针对高速公路沥青路面车辙病害处置主要有微表处、就地热再生等技术。微表处技术是以改性乳化沥青为黏结料，在现场冷拌施工，其适用范围广，工程造价低，对环境污染较小，并能改善沥青路面的承载能力。就地热再生技术是通过对原路面加热重熔、回收旧沥青混合料，加入再生剂重新搅拌、摊铺、碾压，形成新的路面结构层。就地热再生技术对实现公路的可持续发展及节能环保具有十分重要的意义，但该方法完全依赖再生剂性能，不掺入新沥青或集料，无法调整沥青混合料级配，对提高路面性能作用不大。

四、车辙病害的预防与处理措施

（一）车辙病害的预防措施

高速公路沥青路面车辙病害的预防，主要从以下几个方面展开。

1. 原材料

①沥青。沥青面层材料的选择主要有两种，即黏度较高的沥青或者改性沥青，如 SBS、SBR 等。

②细集料。进行细集料的选取时，主要是对砂含量进行控制，由参考经验可知，砂含量提升 1%，沥青稳定度则会下降 4%，而路面破坏严重的部分，往往使用抗车辙性能较为良好的机制砂，并实时监控粉尘含有量。

③合理选择沥青油石比。在我国，马歇尔法历来是沥青配比设计的首要方法，在路面施工中运用广泛，但其也有一定的缺陷，如压实力度偏小，沥青所占比重大，形成浪费，若条件允许，应先进行室内试验，确定沥青用量。

④合理调控沥青面层级配。在沥青面层级配流程中，规格的选择尤为重要，建议选择 S 型，同时提升中间档次级配的集料所占比重，来强化沥青路面的抗压、抗变形性能。

2. 摊铺控制

首先，合理计划安排施工工序，减少摊铺停机、频繁做接头、层间污染现象，及时一次性完成路段的结构层摊铺。

其次，有效控制各黏结层的沥青含量，给予透层、粘层充分的破乳时间，确保黏结效果。

3. 抗车辙剂

对于大长纵坡路段，重车上坡动荷载很容易产生车辙现象，施工需提前设计添加相关抗车辙剂，来提高沥青面层混合料的高温工作性能。

4. 施工控制

①控制石料的压碎值。应尽量控制施工过程中石料被压碎的情况。若出现该情况，应及时更换轮胎压路机，此外，应选择针片状较低的石料。

②尽可能提升压实度。标准的情况是，压实度控制在 98% 以上效果最好，通过检测，从实际上降低空隙率。在实际测量压实度数值的基础上，结合相关理论知识来确保理论压实度≥ 93%。

5. 交通与周边环境监测

首先，对往来车辆展开管控，尤其是对路面会造成损耗的高温时段，对大型载重的货运、客运车辆的通行时间进行控制。在温度最高的时间段内，高速公路极易产生车辙，因此，车辆通行应当避开该时段，从而给高速公路进行更好的维护。其次，及时对路面进行高温降温处理。

（二）车辙病害的处理措施

车辙的种类不同，所采取的车辙治理方式就不同，因此要重视治理之前的车辙种类分析。正确的处理方法会让处理过程事半功倍，在知晓沥青路面病害种类之后，工作人员就要知道正确的处理措施，用最短的时间、最高的效率去完成修补与养护工作。在对高速公路沥青路面车辙进行修补时，需要结合实际情况对其进行判断，选出合适的修补方式。

在失稳性车辙中，考虑到其部分的油量比重大，因此要防止该类车辙对沥青混凝土抗剪能力的削弱。在修补该类车辙时，首先要在出现车辙位置进行凿槽，主要凿槽面积不能小于具体的车辙面积，横向扩展大于 20 cm、纵向扩展大于 50 cm，然后对周边进行清理，涂刷改性乳化沥青粘层油。最后在粘层油上铺沥青混凝土，若厚度较大，则尽量分摊压实。重度失稳性车辙的石料沥青发生较大范围的流动时，中间层不稳定，因此在进行病害治理时，须先进行清洗，清除夹层，重做沥青面层，将旧沥青重新筛分，进行热再生功能的使用，并进行现场维修，修补时需保持路面内部干燥。

基层强度小，水稳性较差，会导致结构性车辙的产生，在对其进行治理的过程中，应针对不良基层进行整治。在此过程中，需保持土基干净，然后选择强度较大的材料进行压实，以保证密度。若遇到潮湿路段，需要先对其进行干燥，然后进行处理。原有的半刚性水泥进行碎石稳定后，其基层容易断裂，因此在进行新基层的处理时，应当注意在透层刷上相关防裂材料，最后铺筑混凝土。另外，可以使用柔性基层来防止裂缝的再度产生。但是有两个问题，一是不能与邻近路面进行有效连接，二是成本较高。综合两点因素进行考虑，可以用水泥乳化沥青稳定碎石基层来加固，加强水泥强度，增强后期强度，加快交通开放时间，有效避免反射裂缝，使其更为持久耐用。

如果车辙的长度小于 2 cm 且深度小于 0.8 cm，则首先要对车辙槽内及周围的杂物进行清理，通过热烘的方法对车辙进行处理，使其软化，再将相对应的沥青材料填入压实。

如果车辙长度大于 2 cm 且深度大于 0.8 cm，则车辙会对行车带来较大干扰，车辆通过时会有明显的震动，因此在进行处理时，首先要使用铣刨机对车辙区域进行铣刨处理，刨除上面层、中面层，清理出杂物，再使用沥青材料对其进行填入修补，最后对其进行压实处理。

高速公路对我国的重要性毋庸置疑，高速公路沥青路面病害问题也时有发生，因此，高速公路管理部门要对相关问题有足够的重视，了解沥青路面病害的成因及处置措施，当出现路面病害时能够在第一时间，做到有针对性的处理，从而避免路面病害的加重，消除交通事故发生的隐患，让高速公路更加健康地运行。

第二节　沥青路面水损害病害

一、水损害病害的分类

该类病害的定义较广，通常定义为：路面水系渗透到路面基层结构导致土质结构发生变化而破坏路面。通过该类病害的表现形式可以将该病害分为两大类：第一类是路面积水通过其压力作用，使路面表皮中的沥青脱落，路面丢失了原有的结构，通常称为自上而下的水损害；第二类是路面积水进入基层内部结构，通过积水流动冲刷导致表面沥青结构强度降低，稳定性降低，通常称为自下而上的水损害。

在路面上，引起水损害的根本原因是水，以进入路面的水源为依据对水损害病害进行划分，可以将其分为四类，如图 2-3 所示。

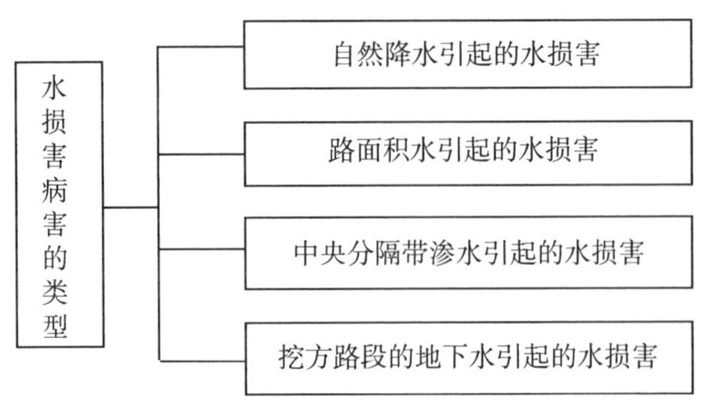

图 2-3　水损害病害的类型

以病害的表现形式为依据，对水损害进行划分，可以将其划分为以下几种。

（一）坑槽

1. 坑槽概述

该道路病害因各种原因对路面造成破坏，形成大于 2 cm 的深坑。坑槽病害是长期形成的，路面初期形成的破裂，通过道路行驶的车辆以及雨水的冲击，使路面裂痕逐渐扩大，最终形成深坑。根据该类病害的发生形式、坑槽深度以及发生状况，通常将其分为以下三种：因路面沥青材料在高温状态下出现结构变化，使其老化，在路面车辆动荷载下形成的压实不足性坑槽，温度过低也会出现该坑槽；因路面积水冲刷，导致路面内部基层结构发生变化，路面出现裂痕，随着时间的推移出现的水损害坑槽；对路面的沥青摊铺未能做到局部质量监控，使个别位置厚度不够，在车辆行驶压力下出现的厚度不足性坑槽。

通常病害在坑槽路面中出现得较多，常见的为水损害性坑槽。因城市常年多雨，路面积水过多，并渗透到路面内部基层，不仅破坏沥青的性能，还对基层造成破坏。该病害是道路病害早期发生的状态，从上到下对路面结构进行破坏，因此需要对路面结构进行深入分析。在绝大多数情况下，路面雨水会渗入道路结构内部，在其在外部水的长期作用下，对沥青的黏着性产生一定的破坏作用，并且在不断行驶的车流压力作用下，路面内部结构不断受到冲击，表皮出现脱落现象；渗透到内部的积水通过其流动作用破坏内部结构，由下而上对沥青及内部土质结构带来冲击，长期循环，导致路面由裂痕逐渐变为坑槽。

坑槽是一种凹状结构，属于水损破坏的一种。高速公路沥青路面养护技术规范把坑槽视为松散类病害，各种坑槽具体特征如表 2-1 所示。

表 2-1　高速公路沥青路面坑槽特征

坑槽类型	坑槽特征	坑槽深度 /cm
路面铺装层	位于铺装层下方	3 ～ 4
上面层	时间早，数量多	2 ～ 5
上面层和中面层	深度较大，坑壁剥落	8 ～ 10
下面层和基层	深度大，有灰白色浆出现	＞ 10

沥青路面坑槽也是高速公路沥青路面的主要病害之一，坑槽形成的根本原因是水和油，其余的病害未及时处理，也会进一步恶化而形成坑槽。高速公路沥青路面受水的影响是较大的，因为气候因素，大气降水是不可避免的，目前为止也还没有相应的技术隔离降水与路面。水的影响非常迅速，一旦沥青路面出现空隙，水就会渗入，水在空隙中长时间无法排出，沥青道路基层就会受到水的作用而变为浆状，进而使沥青表层与基层脱离，慢慢形成坑槽。当沥青路

面裂缝继续扩大时，再受到车辆荷载反复作用之后，沥青材料逐渐与石料脱离，造成路面松散。车轮碾压、雨水冲刷等，会将脱离的石料带走，时间久了，就会形成坑槽。

2. 坑槽的处理措施

当高速公路沥青路面出现坑槽时，应该及时对其进行处理，避免影响行车，按照处理方法分有冷修补与热修补，按照处理位置分有面层处理和基层处理。

冷修补的运用范围较为广泛，大小坑槽都可以运用，使用要求也比较低，对作业温度没有要求，但冷修补无法处理坑槽渗水问题，当施工不当时，在接缝处会有水渗入基层，导致基层出现软化、膨胀等问题，对路面进行再次破坏。

热修补对气候要求较低，无论下雨严寒，都可以进行操作，施工稳定性比较好把握，修补后的路面会较为平整。

在进行面层坑槽处置时，会画出大致与路中心线平行或者垂直的修复线，将坑槽挖大，并挖出坑槽内的杂物，在坑槽底部与四周涂抹粘层油，采用沥青材料进行填入修补并对其进行压实，待材料稳定后即可。

基层处理主要包括以下几道工序：基层检查、基层的清理、基层的修补。

3. 坑槽病害产生机理及养护技术

（1）产生机理

高速公路沥青路面坑槽病害产生机理主要是，降雨产生的地表水或地下水等渗入路面结构层，导致沥青和集料间的黏结力不断减小，在车辆荷载反复的作用下，沥青混合料出现剥落现象，进而导致坑槽。

（2）养护技术

高速公路沥青路面坑槽病害处置常用挖补式坑槽修补技术，属于永久性修补技术，施工流程主要包括：画维修面→处理坑槽→喷洒粘层油→回填沥青混合料→碾压沥青混合料→封缝防水。

挖补式坑槽修补技术的关键环节是处理坑槽，处理坑槽的机械主要有液压镐或切缝机。如果坑槽壁较松散，应先将松散沥青混合料颗粒清扫，再开展下一步作业。热接缝修补按“圆坑方补”的原则进行。修补前应根据坑壁的质量状况合理确定处置范围，画出边线与路中线大致平行（或垂直）的矩形（修补轮廓线），并用切割机切出矩形边线（切割深度为 5 cm 左右）。

（二）麻面

该道路病害的发生过程较为缓慢，通常可以分为以下三种情况：第一种是路面在建设完毕后需要进行养护，若不能及时对路面进行预防性保养，则在自然原因和车辆的冲击下会使得路面细小缝料出现散失；第二种是因时间问题导致沥青失去原有的性能，导致沥青中的细小颗粒丢失；第三种是未能及时对路面出现的问题进行处理，导致沥青表面空隙较大，雨水和其他物质进入空隙中，破坏沥青结构，降低沥青能力。

（三）松散

该道路病害是由于道路在长时间使用过程中未能及时预防危害，沥青材料老化，功能降低，加上车辆和雨水等自然条件的影响，使得路面出现破坏等现象。沥青材料长期裸露在大气中，会被空气中的粉尘包裹，长期作用下会分离沥青表面颗粒，导致结构表面集料出现散落、松动现象；此外沥青路面的离析处会出现细集料少的现象，这样沥青胶结的接触点就少了，沥青也会随着时间的增长而老化，随着日常雨水侵蚀，路面就很容易形成松散状态；结构层中压实度不合格的位置，相应的空隙率也大，结构层中的骨架将很不稳定，容易形成剥落。沥青路面松散程度可以分为轻度松散和重度松散两个程度。

（四）唧浆

该道路病害主要是由于路面水系的渗透，由上而下进入内部基层和路床结构，并形成内部积水，在车辆动荷载作用下发生泵吸作用，内部积水通过路面缝隙冒出形成唧浆状态。这种病害多发生在已有裂缝的路面当中，若未能及时进行处理，整体基层和路床将被破坏，并造成路面塌陷等更严重的病害。

二、水损害病害的影响因素

从沥青混合料抗水损害能力方面考虑，沥青混合料水稳定性的影响因素主要包括沥青混合料的性质、环境及施工条件等，如图 2-4 所示。

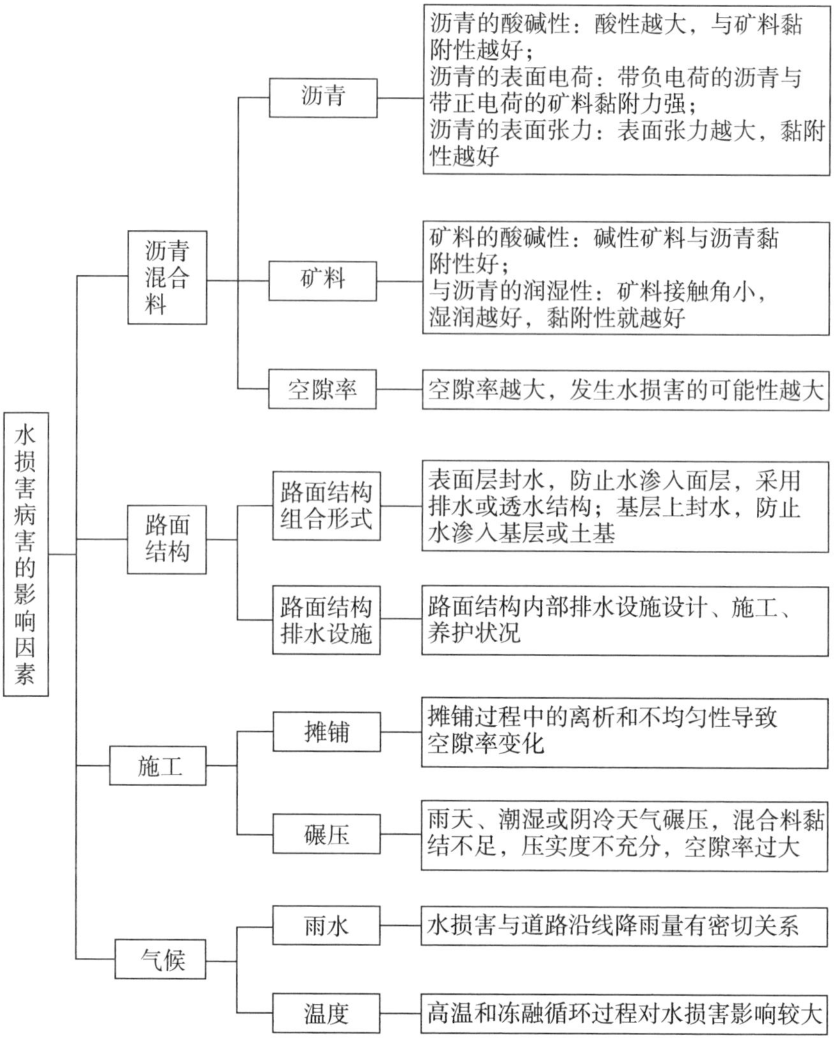

- 水损害病害的影响因素
  - 沥青混合料
    - 沥青：沥青的酸碱性：酸性越大，与矿料黏附性越好；沥青的表面电荷：带负电荷的沥青与带正电荷的矿料黏附力强；沥青的表面张力：表面张力越大，黏附性越好
    - 矿料：矿料的酸碱性：碱性矿料与沥青黏附性好；与沥青的润湿性：矿料接触角小，湿润越好，黏附性就越好
    - 空隙率：空隙率越大，发生水损害的可能性越大
  - 路面结构
    - 路面结构组合形式：表面层封水，防止水渗入面层，采用排水或透水结构；基层上封水，防止水渗入基层或土基
    - 路面结构排水设施：路面结构内部排水设施设计、施工、养护状况
  - 施工
    - 摊铺：摊铺过程中的离析和不均匀性导致空隙率变化
    - 碾压：雨天、潮湿或阴冷天气碾压，混合料黏结不足，压实度不充分，空隙率过大
  - 气候
    - 雨水：水损害与道路沿线降雨量有密切关系
    - 温度：高温和冻融循环过程对水损害影响较大

图 2-4　水损害病害的影响因素

三、水损害病害的预防与处理措施

（一）水损害病害的预防措施

考虑到沥青路面受损的影响因素十分复杂，因此，在进行道路水损害病害预防时，应主要从以下几个角度考虑。

1. 科学合理地做好防排水方案

半刚性基层结构是高速公路建设中最常见的结构形式，虽然近年来半刚性基层变得越来越致密，但路面的凹槽始终会将水带入路面中，若积水聚集在基层表面，则会危害路面安全。因此，要合理制订排水方案，及时做好路面的防排水工作。

2. 控制沥青混合料的空隙率

预防路面病害，需要有效控制沥青混合物的空隙率，使水分进入材料的可能性大幅度降低，避免产生表面坑槽。

3. 加强沥青矿料之间的黏结

随着原材料提取和黏结工艺的进步，黏结沥青与矿料不再是复杂难题，这使得沥青剥落的状况有效减少。因此，在进行集料的选取时，应选择孔隙率较小、表面粗糙、非亲水性的碱性材料。若无法就地选取，但对材料要求较高，则应选择水泥等具有耐高温性能的抗剥落剂来替代。

4. 严格调控压实度

沥青面层的压实度会直接影响道路沥青面层的渗水，因此，依据国家有关要求，需要严格把控施工过程中的压实度。在施工中，往往追求平整度而忽略了碾压的要求。

5. 控制沥青混凝土的均匀性

在矿料堆放和搅拌的过程中，会存在不均匀的现象，因此，需要提前预防控制原材料的变异范围，减少人为因素，搭建矿料保护棚，防止雨水淋湿，并严格控制在施工各个阶段层出不穷的不均匀情况。

6. 适时合理地治理裂缝

灌填是解决路面开裂情况的主要方法，一旦出现开裂，需要立即开展补救措施，降低继续破坏的可能性。

（二）水损害病害的处理措施

沥青本身不同的问题容易导致不同的结果，因此，在正式开展修补工作之前，应当对公路病害情况进行分析，对症下药，以更好地进行维护工作。

"圆洞方补，斜洞正补"是路面修补的基本原则，首先应对底部稳定部分进行检查，然后对底部杂物进行清除，并刷油，最后将新沥青路面进行压实，压实后再对周边进行灌缝。往往较为严重的坑槽是由于积水长期作用的结果，因此，在修补时应该先对路面进行干燥，再铺上沥青混凝土。

需要注意在进行道路开凿时，需要保持阶梯状，使各层在接缝时保持同一界面。此外，需要保持沥青路面的黏附性，最后对坑槽边缘进行密封，防止路面进水。

对于出现微麻面的路面，可刷薄沥青，然后进行压实。麻面面积较大时，则应喷洒稠度较高的沥青进行修补，碾压成型。

第三节　沥青路面裂缝病害

一、裂缝病害类型及影响因素

（一）裂缝病害类型

1. 横向裂缝

在道路内部基层建设时未能对土质进行严格把控，或对基层填土不均匀，导致路面承载力不足，路面在车辆荷载的作用下，拉应力和剪应力都突然增大，此时二者作用下产生的裂缝称为横向裂缝。横向裂缝一般在道路内部基层填土过程出现不均匀时发生，严重时况会出现错台现象。在对道路进行施工时，如果施工队伍不能严格控制施工状况，如施工过程不能正常衔接，施工缝过大，也比较容易产生该裂缝。

横向裂缝一般垂直于车辆行驶方向，按照裂缝宽度可分为轻度和重度两种，前者较细（小于 5 mm），裂缝无剥落或有轻微剥落现象，后者裂缝较宽（大于 5 mm），裂缝剥落明显。由于沥青混凝土是一种半刚性材料，受温度影响的变形较大，当季节改变、环境温度变化、沥青混合料自身的应力变化与温度应力的增长不匹配时，面层材料中的拉应变大于沥青混合料中的极限应变，沥青的表面就会产生横向裂缝。当沥青路面设计不当，或者当沥青路面有过大的交通量，运行车辆严重超载时，也会导致沥青路面产生由于路面内部应力影响的横向裂缝。

2. 纵向裂缝

纵向裂缝是平行于车辆行驶方向的，按照裂缝宽度同样分为轻度与重度两种，前者裂缝散落程度低，支缝数量少，后者支缝数量多，裂缝长短、宽窄不一。纵向裂缝在道路中出现的状况较多，发生原因有两种：一种是路面中的积水侵蚀路基，路基的压实度不够，出现积水侵蚀后导致路面发生纵向裂缝；另一种是由于道路本身承载力不够，且行驶车辆荷载超过路面承受能力，如超重车辆行驶过程中挤压路面，也会出现纵向裂缝。

3. 网状裂缝（龟裂）

网状裂缝通常是由多条的横向裂缝与纵向裂缝相互交错而成的。沥青路面出现各种裂缝而没有被及时处理，导致各种裂缝连接为一个网状。该路面病害也较为常见，随着时间的推移，路面沥青发生老化，本身黏聚力急剧下降，丢失了原有的柔性而出现破裂，并且因为路面长期受阳光暴晒，混凝土出现破裂，随后出现网状裂缝，最终导致路面破坏。首先路面出现该裂缝后，在外界物理因素和自然因素的破坏下，道路基层结构受到破坏，强度下降，在道路中若超载车辆行驶过多，反复作用于路面，会使路面长期处于交替变化状态，最终路面应力低于道路内部结构的抵抗力，从而使一些疲劳裂缝在路面中不断扩大，最终变成网状裂缝。当出现网状裂缝后，一定要及时修补处理，否则车辆荷载作用后，会造成路基下沉等严重后果。

（二）裂缝病害的影响因素

对路面开裂的影响因素进行划分，可以将其分为两部分，即内因和外因，其中，沥青混合料和基层材料的性质属于内因，而相关的外界因素如气候、交通、施工等则属于外因，具体如图 2-5 所示。

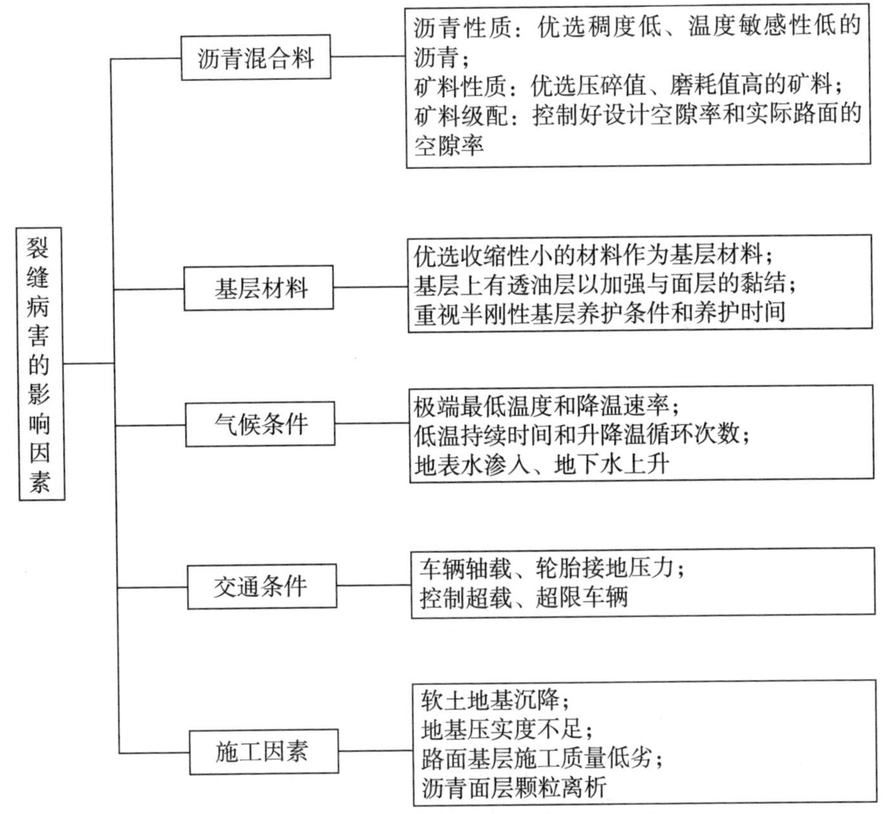

图 2-5　裂缝病害的影响因素

二、裂缝病害产生机理及养护技术

（一）产生机理

高速公路沥青路面裂缝病害根据产生机理分为低温收缩裂缝、反射裂缝和荷载裂缝三类。

低温收缩裂缝产生机理是沥青受温度影响大，冬季气温较低，导致沥青应力松弛无法抵消温度应力的持续增长。当温度应力大于沥青混合料抗拉强度时，路面则可能出现横向裂缝。

反射裂缝主要出现在基层为半刚性材料（如水泥稳定土、石灰稳定土、二灰土等）的沥青混合料路面，这是因为沥青混合料路面所处的外界环境温度骤降时，基层材料会大幅度收缩，使得沥青面层产生较大拉应力，导致裂缝出现或增大原有裂缝。同时，反射裂缝还会受应力叠加效应的影响，加剧裂缝处的应变，使裂缝宽度增加。

荷载裂缝的产生机理是在车辆荷载反复作用下，路面结构层产生的拉应力超过沥青混合料容许的拉应力，从而使面层出现荷载裂缝。

（二）形成原因

该道路病害是沥青路面在使用期间长期伴随的病害，随道路使用时间的延长病害程度也增强，裂缝病害不仅影响道路表面的美观，还会破坏道路内部的构造，从而影响道路的发展。

裂缝病害形成的原因可分为两类。一是外界因素（如温度、压力）干扰导致路面疲劳，使路面积水进入道路基层，并在车辆行驶过程中产生的泵吸的作用下，使道路内部基层软化，加速路面破坏。二是由半刚性基层的干缩或收缩开裂引起的发射裂缝。路面中的裂缝一旦形成，即使对行驶车辆不会造成太大的影响，也需要对路面采取相应的解决办法，避免路面危害扩大，并且在道路建设时，若未对基层的土质质量严格把控，则会导致路面遇水后承载力下降，出现裂缝，所以路面发生裂缝病害时需要及时处理，避免危害扩大。

（三）养护技术

目前针对高速公路沥青路面裂缝病害处置主要有开槽灌缝、填缝等技术。开槽灌缝技术应用最为广泛，它是利用开槽机沿着原裂缝凿出宽 1.2 ～ 1.5 cm、深 1.5 ～ 1.8 cm 的槽，并使用灌缝机把加热后的灌缝材料压入裂缝，作业效率高、使用寿命长，但前期设备费用和施工成本偏高。填缝技术通常用于裂缝宽度小于 3 mm 的非工作缝处置。此外，修补材料选择是影响裂缝养护成效的关键环节之一，修补材料应具有良好的黏弹性、抗裂性、低温稳定性等特点，不得直接采用热沥青混合料。

三、裂缝病害的预防与处理措施

（一）裂缝病害的预防措施

1. 横向裂缝的预防

①重视对基层进行及时的维修和保养，以求达到前期降低病害出现的可能性。

②进行作业时，应当连续进行，以保障接缝的压实度。

2. 纵向裂缝的预防

①设计路线时，需要使其避免穿越盲沟，以避免出现裂缝。

②施工时，尽可能保障整条道路的连贯性，避免出现分摊的情况。

③对道路进行拓宽时，使新旧路面厚度统一。

④压实度需要按照相关标准进行设定。

⑤对道路进行填充时，要使用合格的填充材料。

3. 网状裂缝的预防

①确保施工质量安全可靠，保障连接安全，及时清除雨后积水。

②材料的选用要具有稳定性。

③路面出现裂缝后应及时修补，以防止继续遭到破坏。

4. 反射裂缝的预防

①对沥青面层进行加厚。

②合理设计半刚性材料的使用。

③对沥青路面的基层设置预切缝。

（二）裂缝病害的处理措施

裂缝病害的出现不可避免，当高速公路沥青路面出现裂缝后，一定要第一时间对其进行处理，否则会有交通安全隐患。如果道路铺设的时间段正好处于春夏季高温时期，那么在沥青路面出现裂缝很小的情况下，可以自动愈合。但是，随着沥青后期的老化，需要使用有效措施进行集中治理，常用的方法有以下几种。

1. 压浆法

压浆法是根据裂缝的具体情况，将合适的水泥浆注入沥青路面裂缝中进行修补，通过封堵、压实来保证路面裂缝不会再进一步发展，在压浆时要注意将裂缝中存在的杂质先清理干净，以保证压实性与修补的稳定性。

2. 灌缝法

灌缝法是一种操作相对简单、成本较低的裂缝处理措施，这种方法的关键就是要把握好沥青的温度，普通沥青的最佳使用温度在 150 ～ 160 ℃，加热完毕后，根据裂缝的具体情况，对裂缝进行浇灌，当沥青温度恢复到常温时，修复完成。

该方法的重点是选择合适的灌缝时间，选择深秋或冬末春初时节施工，对网状裂缝效果较好。在进行灌缝时，先将道路清扫干净，再将沥青砂浆喷入其中，表面进行热保护。对于裂缝尚未稳定的区域，先进行边缘加固，使其不再扩展，然后再进行处理。

灌缝针对的是温缩裂缝或宽度≥ 5 mm 的裂缝，适宜在气温较低的干燥季节进行。裂缝填封类措施的技术原理是，通过措施的实施增强裂缝两边的黏结力，有效地将裂缝封住，防止雨水等自由水进入裂缝内部，进而渗透至路面面层，起到封堵作用，减少水损害的发生。

3. 现场再生维修法

针对裂缝范围较小的区域，选择使用热再生法进行现场维修。若裂缝损坏较大，使用单一的方法无法进行修复时，则应进行新的加铺工作，按照基层受损程度划分，先处理受损情况较为突出的位置，在修复的过程中，还需要重视路基以及路面的防排水准备。

除了使用普通沥青进行修补外，还可以根据实际情况，采用各种改性沥青、乳化沥青对裂缝进行有针对性的修补，如沥青混合料作为细石薄沥青面层，细石的大小控制在中粒或者细粒左右，沥青喷洒完毕后使用应力吸收材料，以加固防裂效果。宽度超出 5 mm 的裂缝，使用乳化沥青进行灌缝修补最为合适，该方法对裂缝内有水的状况效果较好。该方法将乳化沥青加入裂缝中，使其水分蒸发，从而对裂缝完成修补。

4. 封缝法

封缝法针对的是宽度≤ 5 mm 的路面微小裂缝。封缝法就是对路面裂缝采取相关工艺技术进行封闭，达到阻止雨水进入从而不能破坏路面使用性能的一种预防性养护措施。

该方法并不需要开槽处理，只需要简单清洁裂缝后进行填封即可。其施工工艺简单，施工方便，还能有效避免水渗入裂缝，阻止路面病害加重。

5. 裂缝封堵法

裂缝封堵法是根据橡胶沥青具有的延性和以沥青路面材料同质、易黏结的特点为基础，使用乙炔气喷枪将路面裂缝和条状封堵材料加热、烤软来封堵裂缝，从而形成不渗水的带状物，使得路面具有良好的防水效果。

第三章　高速公路沥青路面的构造

在我国，90% 的高速公路是沥青路面，对沥青路面的养护以及材料的使用都是为了延长高速公路的使用寿命，增强高速公路的强度。本章分为沥青路面典型横断面、沥青路面面层结构、沥青路面硬质路肩、沥青路面排水构造物四部分，内容主要包括沥青路面横断面形式、沥青路面排水机理、沥青路面排水结构、沥青路面排水的重要性等。

第一节　沥青路面典型横断面

高速公路沥青混凝土路面的横断面类型，不同国家有不同的规定，我国《公路工程技术标准》（JTG B01—2014）规定，行车速度为 120 km/h 的高速公路包括八车道、六车道和四车道三种类型。高速公路设置有中间带，中间带由两条左侧路缘带及中央分隔带组成。高速公路行车道和超车道宽度均为 3.75 m。高速公路路肩分硬质路肩与土路肩两部分，硬质路肩宽度最小为 3.00 m，采用的沥青面层材料与行车道材料相同。土路肩宽度最小为 0.75 m。高速公路沥青路面一般采用直线横坡，单向排水，最小横坡度为 2.0%，硬质路肩横坡度与行车道横坡度相同，土路肩横坡度较行车道横坡度大 1.0%，最小为 3.0%。

高速公路沥青混凝土路面结构通常分为三层，即面层、基层、底基层，有必要时设置垫层。面层采用严格级配的集料与沥青结合料配制的沥青混合料铺筑而成，面层直接承受车轮荷载和自然因素的影响，因此，其应具有良好的抗滑、耐磨、密实稳定等品质。通常沥青面层由一至三层组成。

基层采用水泥、沥青或其他稳定性良好的结合料处置的粒料铺筑在路面结构层位中，基层为主要承重结构，应采用优质材料精心设计、严格施工。用沥青结合料处置的粒料基层为柔性基层，用水泥或其他工业废料处置的粒料基层为半刚性基层。

底基层设置在基层之下，作为基层的支承结构，起次要承重作用，有条件时，也应选择优质材料，精心施工。在材料缺乏的情况下，可以允许材料的品质略低于基层的材料要求，通常采用水泥或其他工业废料处置的粒料修筑底基层结构。

垫层主要用于加强结构排水、隔水或防止冻害等。垫层结构的厚度与材料应满足排水、隔水或防冻的要求，但也必须同时满足结构层位承重的要求。

第二节　沥青路面面层结构

面层位于整个路面结构的最上层。面层最直接与在交通过程中行驶的车辆以及自然环境进行接触，它是唯一一个直接承受行驶车辆重量以及各种行驶带来的力的作用的高速公路结构，与此同时面层在交通过程中还会受四季变化以及自然气候的影响，如降雨、暴晒、高温以及冷热交替等因素。

因此，与其他结构层相比，面层应具有较高的结构强度、刚度和稳定性，并且耐磨、不透水，其表面还应具有良好的抗滑性和平整度。路面等级越高，对其质量要求越高。因此路面工程师要更加严格地使用集料与沥青结合料配制沥青混合料进行建设。

国内外已建高速公路沥青路面面层一般分两层或三层铺筑，总厚度为10 ～ 17 cm。沥青混合料类型多数为密实型连续级配沥青混凝土。

对沥青路面上面层要求密实防水，强度、高温稳定性、低温抗裂性、水稳性等各项路用性能优良，同时还应保证一定的构造深度和抗滑性能。城市道路一般可选用细粒式沥青混凝土做上面层，公路路面特别是高速公路路面，为保证一定的构造深度、抗滑性能与排水功能，多数国家采用中粒式沥青混凝土做上面层。英国为确保面层结构密实防水又有一定的构造深度和抗滑性能，用密实型热压沥青混凝土做上面层，表面采用预拌碎石撒布压入处理，来解决两者之间的矛盾。

沥青中面层与沥青下面层多数采用粗粒式密实型（Ⅰ型）或粗粒式半密实型（Ⅱ型）结构。中、下面层材料应根据降雨与排水的要求酌情选用，有的两层都用Ⅰ型，有的中面层用Ⅰ型、下面层用Ⅱ型。中、下面层沥青混合料亦应具有良好的路用性能，但是与沥青上面层比较，有关指标可略为放宽。

为增强沥青路面面层与基层之间的联结，在层间设封闭层，称为下封闭层。它一方面起到加强层间结合的作用，另一方面可以封闭基层顶面，防止透过沥青面层的雨水渗入，损害基层与底基层的强度和稳定性。

第三节　沥青路面硬质路肩

高速公路沥青路面的硬质路肩是路面结构的重要组成部分，硬质路肩的功能有以下几点。

①硬质路肩作为行车道路面结构的侧向支撑，保证了车辆在行车道上行驶特别是靠近行车道边缘行驶时路面结构的稳定。

②降低渗入雨水对路面结构的影响。雨水渗入土路肩及边坡后，对路面结构有一定的影响，硬路肩的存在使影响范围远离行车道，保证了行车道路面结构的稳定。

③保证行车道外侧边缘线两侧路面结构均匀一致，提高了驾驶员的安全感，有利于快速行车。

④遇有车辆故障，硬质路肩作为停车带，不影响车辆视距和高速行车。

⑤在行车道路面养护维修时可作为备用车道，保养养护不影响高速行车。

⑥公路改建中，为满足交通量的增长，增加车道时，硬质路肩稍加整治即可立即投入使用。

各国对硬质路肩的设计与施工都十分重视，大多数国家对高速公路沥青路面的硬质路肩与主车道采用完全相同的结构形式，即相同的厚度、相同的材料，同步铺筑、一次到位。

早期，有一些国家对高速公路沥青路面硬质路肩采用比主车道略为减薄的结构（因为通行车辆较少），或者采用不同的材料。事实证明，上述方法都是不可行的，使用效果适得其反。有的采用水泥混凝土硬质路肩，结果由于行车平稳性不佳，视觉反差强烈和接缝处排水不易处理等原因，也未能达到理想的效果。因此，我国《公路沥青路面设计规范》（JTG D50—2017）规定：“高速公路和一级公路的路缘带、硬路肩及中央分隔带开口段的路面结构与厚度宜与行车道部分相同。”

第四节　沥青路面排水构造物

一、水对沥青路面的危害

（一）地表水的危害

地表水给路基产生的危害是极为严重的，导致路基使用寿命缩短，雨水浸入裂缝内部，或者水在地表停留较长的时间，则会有部分水进入路面底层结构，造成结构性能受到影响，导致结构承载性能减弱。同时，因为车辆的连续挤压作用，导致路面塌陷，不仅影响交通的运行，还会给项目的发展和应用带来不良的影响。只要路面积水不能有效地清理干净，就会导致表面打滑比较严重，承载能力下降，给交通运行安全带来非常严重的负面影响，造成极大的安全隐患。

（二）地下水的危害

地下水的存在是必然的，水流方向、流量等都会连续地发生变化，使得路基结构产生严重的塌陷问题，路基结构失衡，威胁着整个路面的运行质量和效果。在路堤填筑作业阶段，因为水位较高而进入填料内，导致含水量持续增加，空隙量也会变大，强度性能下降，进而产生了非常严重的质量问题，极大地影响了公路项目的运行效果。此外，冬季环境温度较低，也会导致路基结构安全隐患比较严重。

二、沥青路面排水机理

（一）排水路面结构

排水式沥青路面具有较大的空隙率和良好的路面降噪性能，极大地提高了路面的抗滑性能。采用排水式沥青路面，下雨时，雨水会透过沥青面层混合料间隙迅速下渗至面层以下的不透水下封层位置，然后通过设置于下封层上布置的排水槽横向排至两侧排水沟，从而使得路表雨水迅速排出，避免产生积水和水雾，提高了驾驶员在雨天道路行驶时的舒适性和安全性。排水式沥青路面的空隙结构主要分为连通空隙、半连通空隙和独立空隙三大类。连通空隙又称作有效排水空隙，可以在一段时间内储存渗入路面内部的少量自由水，也可以通过集料与集料之间的间隙组成的连通通道进行水分的传输，从而将路面内部的水分排出路面；半连通空隙在行业内也被称作半有效排水空隙，与连通空隙相比它只可以在短时间内对渗入路面内部的水分进行储存，而不能在路面内部进行水分的传输，因此半连通空隙不具有排水功能；独立空隙也叫作无效空隙，它既不能对进入路面内部的水分进行储存，也无法将水分排出路面。

（二）排水物理过程

在大空隙的沥青混合料水分移动特征的研究过程中需主要控制好两点：一是尽可能降低混合料表面的水膜厚度，对水膜厚度数据的采集又有两个标准，即确保在安全的行车速度的前提下对应的水膜厚度或者水分在路面表面不会汇流成小股水流的水膜厚度；二是着力降低路面交通附属排水设施的水流压力，主要从控制水流产生与延缓径流洪峰出现两个方面入手。大气降水使得路面内部源源不断地渗入水分，而雨水进入路面结构的物理过程按照水分的移动路径主要如下：排水面层表面的初步浸润，在降雨开始后短时间内，由于落到路面表面的水分会在分子力的作用下被集料颗粒所吸附而在集料表面形成薄膜水，也就是说在降雨初始时间内路面表面吸收了一部分降水，由于初始阶段水量有限且不大，因此路面表面基本处于干燥或半干燥状态而不会产生雨水的下渗。排水物理过程如下。

1. 排水面层空隙的填充过程

大空隙沥青路面顾名思义最大的特点就是具有较大的空隙率，由于集料间的空隙较大，所以在雨天降水量大时为雨水的下渗提供了一条“高速公路”，极大地降低了雨天汽车在道路上行驶时产生的水雾，提高了能见度和雨天道路安全系数。随着降雨过程的进行，路面表面材料吸附水分的能力会逐渐接近饱和，路面表面开始逐渐湿润，此时雨水开始下渗进入路面结构内部，填充路面结构内部大骨料形成的空隙直至饱和，这个过程便是雨水填充排水式面层空隙的过程，但是这个过程只是排水面层表面的饱和而并非整个路面结构的饱和。在排水面层的状态达到饱和时，若降水过程的强度小于路面的排水效率，则水分会透过路面结构继续下渗，保持路面表面处于无水状态；若降水过程的强度过大，路面排水效能不足，则雨水会逐渐在路面表面汇集淤积，当路面表面水量达到一定程度时就会产生路面径流。

2. 雨水在排水面层中的渗流

雨水充满排水路面面层并且达到饱和状态以后，降水过程继续发生，因此多余的雨水会继续在路面内部移动，使整个排水路面面层结构达到饱和状态。为防止雨水透过排水面层下渗至基层而影响道路的整体稳定性和安全性，在排水层与下面层连接处设置一层防水层以防止路面内部的水分下渗对路面下层部分产生损害，于是下渗的雨水开始在防水层部分汇流和蓄积，当蓄水量达到一定程度时，水流在路面横坡的作用下从设置的横向排水设施中排出路面。若降水过程的强度小于路面饱和后的排水效率，则水分会透过路面结构继续及时下渗，并通过路面内部的排水通道及时将下渗的雨水排出路面；若降水过程的强度过大，路面排水效能不足，多余的雨水不能及时排出，则雨水会逐渐在路面内部汇集淤积，当路面内部含水量蓄积达到一定程度时就会在路面表面产生地表径流。

三、沥青路面排水构造

路面积水不能及时排除，就会在路面表面形成水膜，使车轮与路面之间形成一层垫水层，降低路面的抗滑性，高速路上的行车速度较快，遇到突发状况不能及时停车，而且车辆行驶时溅射的水幕会严重遮挡司机的视线，大大降低了行车的安全性，造成雨天行驶事故频繁发生，同时，其还会影响路面的使用性能，缩短高速公路的使用寿命。水在沥青路面聚集后通过面层渗入基层，由于车辆的不断行驶碾压造成水冲刷基层表面，导致基层表面颗粒松软离析脱落形成灰浆，灰浆被行车挤压后反映到沥青面层，形成裂纹和坑洞。由于裂纹和坑洞存在，降水更容易透入，形成恶性循环，最终导致路面损坏。

（一）侧面排水

路面表面排水是为了迅速把降落在路面和路肩上的降水排走，以免造成路面积水而影响行车安全，防止水损坏路面。一般高速公路都是通过路面横向坡度向两侧排流，避免行车道范围内出现积水。在车辆行驶过程中为了避免交通事故的发生，也为了让车辆安全地分向驾驶，可在车道中间设中央分隔带。因此为了更好地排出道路的积水，就在分隔带左右侧使用了以下两种方式：①单向排水；②直线横坡。

为了更方便地排水，横坡应设置多一些，普通情况下坡度要在 1.5% 或者以上；在有设置防滑封闭的道路，因为在建造时使用的材料以及施工的方式也有不同，它的向下程度会更大，所以横坡坡度过小就会导致积水，在这种情况下坡度要设置在 2.0%。

对于排水的设置：向中央分隔带倾斜是为了保护边坡不受外界的威胁，进而减少交通事故的产生，由于这一设施需要完整的集水设备以及流水通道，所以会产生更多的建造费用。中央分隔带排水要特别注意在渗沟上方铺设滤水土工布，防止杂物堵塞集水管进水口，在渗沟下方铺设防渗水土工布，防止水渗入路基。在桥和构造物台背处无法设置排水管道或离台背距离过远，可在台背处进行打孔排水。

1. 横向排水管施工

①横向排水管基础的横坡坡度要合适，不能小于3%，不然会造成降水无法及时排出；②混凝土的质量和振捣要保证，及时进行覆盖养护；③每道横向排水管完工后都要做通水试验，检测横向排水管能否顺畅通水。

2. 集水槽、窨井施工

①窨井施工时要注意其立面泄水孔必须与横向排水管相接，接口处用水泥砂浆密封，不得堵塞横向排水管出口；②窨井台帽要与集水槽台帽顺接一致；③集水槽的纵坡要合适，引导降水向窨井处汇集；④窨井表面要光滑美观。

3. 急流槽施工

①路基坡面处与边坡齐平；②与路边石衔接处需要浇筑混凝土，以防路面水倒灌冲刷路肩，衔接混凝土与铺底顺平。

4. 拦水带施工

①拦水带要顺直美观；②拦水带泄水口要做成喇叭口，以有利于降水排出。

5. 碎石渗沟

①沟内集水管要按设计坡度进行放置，管内的渗水能顺坡度流向横向排水管排出；②与横向排水管相连的三通管连接要紧密无缝隙。

无论是在构架上还是在原料上，高速公路硬质路肩与行车路面都一样，所以二者的横坡坡度也应该是一样的，采用3.0%。

在使用侧面排水时应注意积水对边坡的冲刷影响，现在为止对于解决这一问题有以下方法可以使用：第一，慢坡排水，也就是说在边坡种植植物来减少伤害，还有就是降低倾斜度；第二，使用拦截带，预防雨水径直伤害边坡。

对不同的地域应该采用不一样的排水方式，因为每一个地区的自然气候、天气情况、降雨量、日照以及地势等都是不一样的。如有些地区降雨量大，日照强度也不够，所以排水以及防止冲刷的问题就会更严重；也有一些地方降雨量并不大，而且日照充足，所以在排水方面的问题就会相对小一点。

（二）内部排水

路面排水不仅要减少从面层渗入基层顶的水，还应该考虑排出路面结构层内部的水。

排水问题一定要重视起来，由于在高速公路建造的过程中以及在后来受阳光照射、风吹的影响，路面会产生一些细微的缝隙，如果是经常下雨或者排水不及时都将会对路面造成很大的影响。尤其是一些用水泥等混合材料构筑的基层，又在上面用沥青等混合材料进行封盖，在这之间进入了水，若积水长时间没有排除，在炎热的情况下由于有沥青封闭，水分无法蒸发，且路面不断经过车辆，沥青在被挤压的状态下慢慢就会导致损坏。

（三）底层排水

除了雨水渗入路面结构之外，在挖方路段、低路基处于潮湿与过湿状态的路段，经常会发生地下水自下而上渗入路面结构的情况，此时为降低地下水位、疏干路基，应设纵向排水盲沟和排水垫层（或排水底基层）。除了路面积水以及有水渗透外，还会由于周围施工，地势低于周边、当地湿度大以及地下水位过高进水，这些都要根据当地的实际情况制定相应的对策，这样才能真正地解决问题。

（四）中央分隔带排水

①低坡设计工作中，要求坡度＞ 0.3%。

②对于横向排水管的设置，要求其间距为 30 ～ 50 m，能高效排除盲沟中的水，使其可汇聚至路面外，以免冲刷路面。

③合理设置防渗结构层，采用土工布防渗层的方法，在混凝土终凝后立即对防渗结构层进行养护，在其表面覆盖土工布，期间适当洒水，使混凝土维持在相对湿润的状态，避免产生收缩裂缝。

（五）超高段分隔带排水

多雨地区公路表面无铺面的中央分隔带可以修筑纵向排水渗沟，通过多重设施的应用有效清理分隔带内的表面水。为增强排水效果，按 40 ～ 80 m 的间距依次设置横向排水管，进而高效清理渗沟内的水，将其排出路界。渗沟施工中，在其周边包裹反滤织物，利用该材料阻隔细粒，以免出现渗沟槽堵塞的情况。在渗沟回填料与路面的交界部位均匀涂抹双层沥青，同时铺设防水土工布。

（六）路面结构排水

反射裂缝为路面结构排水重点考虑的对象，必须预防反射裂缝所伴随的质量问题。在路面基层下方设置砂垫层，通过中央分隔带将盲沟中的水快速排至路面外。

（七）路面渗水的排水

设置沥青封层，路面肩纵向、横向排水，通过多重措施的应用将路面的积水高效排至周边的设施中。沥青下渗的水流需得到有效的控制，建议在排水径面中按照 10 m 的间距依次布设排水管道。

（八）路基、桥涵的综合排水

路基以及桥涵的排水设施既要能独立运行，又要能协同作用，从而切实提高排水效率。设计时应考虑路线的平面设计和地形情况，制订完善的设计方案。

（九）路基排水

1. 路基排水设计方法

（1）路堑边沟设计

底部有渗沟及渗沟检查井。沟底和侧墙两部分结构施工采用 M7.5 浆砌片石，侧墙顶盖采用 C30 混凝土台帽（厚度按 13 cm 控制），盖板为提前预制成型的 C30 钢筋混凝土结构。

（2）路堤边沟设计

按设计图纸将 C30 预制梯形混凝土块拼装到位，截水沟急流槽施工采用 M7.5 浆砌片石砌筑成型的方法，经预制块拼装后构成踏步和平台排水沟。

2. 路基排水施工方法

（1）渗沟施工

渗沟主体结构成型后，在其底部铺设 15 cm 厚的 C25 铺底混凝土。以设计流水坡的相关要求为准，精准控制顶部标高，避免回流问题。在铺底混凝土的顶部设置夹砂玻璃管（内径为 20 cm、壁厚 6 mm），纵向按 30 cm 的间距依次开孔，在外侧紧密包裹渗水土工布，搭接宽度至少应为 2 cm。

（2）台帽施工

模板为竹胶板，利用 φ14 mm 拉杆螺栓稳定连接，在模板拼缝处紧密粘贴双面胶带，提高模板的严密性，以免出现漏浆现象。

（3）盖板安装

提前在预制场制作盖板，在盖板底部垫设 10 mm 厚的水泥砂浆，以保证盖板的平稳性。

3. 路基边沟施工方法

（1）基槽开挖

根据设计图纸精准控制水沟基槽的开挖尺寸，以挖掘机开挖的方式为主，人工辅助修整。基槽开挖期间不可出现超欠挖现象，应适当预留 5 ～ 10 cm，该部分由人工进行精细化清理。

（2）砂浆垫层施工

预制板安装前，先在底部铺设砂浆垫层（厚度可采取 4 cm 和 10 cm 两种标准），铺设过程中需加强对厚度和平整度的检测与控制，以便给后续预制板安装等相关工作的开展奠定坚实的基础。

（3）路基边沟安装

采取预制块安装的方法提前预制成型，通过质量检验后转至现场安装到位；严格控制安装缝隙，确保预制块可组成平顺性较好的整体边沟结构。

（4）预制边沟安装

边沟由 C30 混凝土预制板拼接而成，各处缝隙间距应一致，每 10 ～ 20 m 划分为一个安装单元，并为预制边沟安装提供参照基准，提前根据设计图纸定位放线，使线形平顺。

四、沥青路面排水的重要性

①水停留在沥青混凝土的空隙中，在大量行车作用下沥青剥落在表层会形成坑洞。水进入沥青面层后，导致沥青混合料内的相互黏结力减弱，在车载作用下沥青的强度会逐渐减弱直至完全松散，在车辆行车荷载下形成车辙。

②高速公路是一种露天的建筑，其一直在承受雨、雪、风、霜以及各种极其恶劣的自然天气的影响。沥青路面排水可以减少雨水以及地面水的侵蚀。

③减少来自地下水的影响。地下水对于地基的影响是极其严重的，在地下水的长时间影响下，高速公路路面结构的层面将会发生变形。因此，如果排水不畅，地下水会不断积累，浸泡地基，导致地基的强度和稳定性减弱，这样很容易引起公路的裂缝、坍塌等现象。

④如果高速公路路面排水不顺畅，大量的车辆不断快速在水面上行驶，长时间后会导致高速公路路面出现水膜，行驶的车辆车轮与高速公路路面无法很

好地接触，很容易导致行车打滑，进而影响行车安全。所以，高速公路路面排水的重要性是不容忽视的，为减少交通事故的发生一定要做好路面排水工作。

⑤高速公路能否正常地服务于城市并且能否满足交通需求取决于路面排水系统是否完善。在以前很多高速公路的建设中，只考虑了路面排水工作，而忽略了高速公路内部结构的排水系统，具有一定的局限性。经过长时间不断地尝试与总结，工程师发现对于高速公路路面的排水系统不只要想到如何减少路面渗水，还要设计好高速公路内部结构的排水系统。对于路基路面的排水类型，主要分为四大类：路面结构内部排水、地表排水、地下排水和道路附属结构排水。

综上所述，影响高速公路质量的多种因素中，水是重要的因素之一。实践证明，路面排水系统不完善会导致路面及路基出现病害，缩短路面的使用年限，给日后的维护和保养增加极大的负担，也会给社会和经济造成不良影响。因此，对路面排水的设计与施工要根据实际地理位置和使用情况选择合适的方案，使高速公路的排水系统形成一个有机的整体，提高排水效率。

第四章　高速公路沥青路面的结构设计

高速公路沥青路面的结构设计是公路建设的根本，路面结构的科学合理设计，能够保证高速公路的使用效率，延长使用年限。本章分为沥青路面结构设计方法与指标、沥青路面结构组合设计、沥青路面结构厚度设计、沥青面层材料组成设计、沥青路面防冻层设计五个部分，内容主要包括沥青路面结构设计方法、设计指标，沥青路面结构组合设计的原则与方法，沥青路面结构厚度设计参数与步骤等。

第一节　沥青路面结构设计方法与指标

一、国外沥青路面结构设计方法

目前世界上各国所采用的沥青路面结构设计方法大致可分为三类，即经验法、力学－经验法和基于使用性能的设计方法。

①经验法是通过观察试验道路和已经投入使用的道路，建立路面结构、车辆作用荷载以及路面使用性能三者之间的关系。

②力学－经验法是通过力学设计原理计算分析路面结构在行车荷载和自然环境因素作用下产生的力学响应量，即应力、应变和位移，再以各力学响应量和路面结构的使用性能为依据创建关系模型。

③基于使用性能的设计方法是按照路面实际的使用性能设计路面和材料，从而达到路面抗疲劳、抗车辙、抗老化和抗低温的目的。

二、我国沥青路面结构设计方法

我国现行的沥青路面结构设计是建立在双圆垂直均布荷载作用下的弹性层状体系理论的基础上的。根据该理论，路面结构是由若干个弹性层组成的弹性结构，每一层都具有一定的厚度，且最底层为弹性半空间体。在基于弹性层状体系理论计算路面结构的力学响应时，有以下几个假设：①各个结构层都是完全连续、均匀、各向同性的弹性体，可以忽略不计其形变和位移；②最下面的结构层在水平和垂直向下方向都是无限大的，而其上各结构层在垂直方向是有限大的，在水平方向是无限大的；③每个结构层在水平方向上的无限远处以及最底层在垂直方向的无限深处，各力学响应量都可忽略不计；④各个结构层之间的位移和接触情况都是完全连续的，且各结构层之间仅有竖向力而没有摩擦阻力；⑤不计路面结构的自重。

根据《公路沥青路面设计规范》（JTG D 50—2017），我国沥青路面在结构设计时，以弹性层状体系理论为依据，将不同的交通组合按单轴-双轮组100 kN 的标准轴载换算成当量设计轴载，并根据不同的结构组合选择不同的设计指标，且设计指标应该按规范选用规定的竖向位置处的最大力学响应量。

同时，《公路沥青路面设计规范》（JTG D 50—2017）相比于2006版的规范，在设计方法上做出了如下调整：①细分了交通组成，重新划分了荷载等级，对交通参数的调查分析方法进行了规整；②提出了温度调整系数和等效温度等新概念；③重新确定了路面材料和路基土材料参数的测试方法，同时根据实际对沥青混合料推荐了动态压缩模量；④根据路面实际损坏情况改变了原来的设计指标，如沥青混合料层的设计指标变为层底拉应变，保留了原有的无机结合料稳定层层底拉应力设计指标，并且新增了路基顶面竖向压应变、沥青混合料层永久变形量和路面低温开裂指数等设计指标。可以看出，《公路沥青路面设计规范》（JTG D 50—2017）在设计指标上的变化与实际更相符，而且安全性更高，将会对沥青路面结构设计起到更好的指导作用。

三、沥青路面结构设计指标

（一）沥青路面材料的选择标准

沥青路面结构需要相关沥青以及矿质、集料、稳定剂等施工材料进行铺装，路面结构设计时应严格按照公路施工标准要求选择沥青及相关材料，控制材料的大小粒径、物化性质，保障沥青路面结构的耐久性。

（二）沥青混合料的设计标准

当前应用广泛的沥青混合料设计方法是马歇尔法，从本质上说其设计理论和设计指标注重强调沥青混合料的体积性质指标对路面使用品质的影响，沥青混合料的体积性质与原材料、级配、油石比以及试验温度、击实次数密切相关，沥青路面建设中应把沥青混合料体积性质指标作为沥青混合料设计的强制标准。空隙率和混合料饱和度是体积性质指标体系的重要参数，沥青混合料目标配合比设计时，要说明最佳油石比对应的空隙率为设计空隙率定值，合理的重交通沥青路面饱和度应为 65% ～ 75%。沥青混合料目标配合比设计应在沥青拌和现场采取沥青、集料、矿粉和其他原材料样品，采用马歇尔设计法，通过室内试验确定最佳沥青用量、各种规格集料比例、沥青混合料体积性质和沥青混合料级配曲线，以目标配合比设计为依据，生产配合比的级配要尽可能同目标配合比一致，使混合料体积性质指标与目标配合比相接近。

（三）沥青路面的结构层设计指标

路面结构层是路面承载交通强度及稳定性能的重要保障，沥青路面结构层通常由路基、基层、路面和垫层等部分组成，其设计指标详述如下。

路基是公路支撑结构物，对路面的使用性能有重要影响。路基应具备稳定、密实、均质效能，性能设计指标应体现良好的整体稳定性与形变量控制，以发挥路基结构的强力承载作用，在环境和荷载作用下不会产生不均匀变形。

基层是路面结构中的承重层，主要承受车辆荷载竖向力，并向土基扩散来自面层的应力。基层设计指标是，应具有足够均匀的承载力、抗冲刷能力、抗变形能力，较大的刚度，不透水性及整体性好，面层下基层应有足够的水稳定性。

路面结构直接承受行车荷载竖向力、水平力和冲击力，能够有效改善行车条件，提高路面行车舒适性等服务性能。路面结构设计时应注重刚性强度、耐久性控制，注重承载能力平整稳定、抗滑透水性以及噪声量等指标。

垫层作为路面结构的组成部分，用来排除路面路基中滞留的自由水，确保路面处于干燥或中湿状态，其设计标准是：高速公路及一、二级路面垫层宽度可与路基同宽。

（四）沥青路面的破坏状态及设计标准

沥青路面在交通荷载反复作用或自然因素影响下会发生沉陷、车辙、开裂、推移、水损坏等病害现象。路面弯沉是沥青路面设计中普遍采用的设计指标，采用一年内同一路面车道荷载累计当量轴次公路等级、面层类型等确定弯沉值作为路面整体刚度设计指标，同时进行路面厚度预算设计，以材料 20℃的抗压模量为标准设计其结构厚度。为控制因路基土压缩形成的沉陷破坏，应采用路基土垂直压应力或垂直压应变作为设计标准。针对车辙对路面造成的深度损坏影响，采用路面各结构层包括路基的残余变形综合指标或者路基表面垂直变形指标进行设计。采用结构层底面拉应变或拉应力不超过相应容许值为设计标准控制沥青路面结构的开裂。为防止沥青路面发生推移和拥挤，采用路面抗剪强度指标进行控制设计。低温裂缩与荷载因素无关，根据低温时路面各结构层材料的温度应力小于其容许拉应力变化值进行控制。

总之，沥青路面是根据公路路面面层结构性能需求，在相关矿质集料中掺加路用沥青材料铺筑的各种类型的路面。为保障沥青路面结构性能的长期有效运行，应严格按照沥青路面的各种标准进行科学合理的设计，实现沥青路面结构性能的优化与提高。

第二节　沥青路面结构组合设计

一、沥青路面结构组合设计原则

沥青路面结构一般是由沥青油面层、基层以及功能层共同构成的，因此在组合设计沥青路面结构时，应该结合该地区的公路等级、交通荷载等级、经济发展水平和交通发展状况等因素综合确定路面结构。所以在设计时，应该合理选择和安排路面结构的各个层次，以确保路面结构在设计使用年限内，能够最大限度地发挥各结构层的功效，并且与当地的社会经济发展水平相适应。依据国内外的设计经验，沥青路面结构组合设计要遵循以下原则。

①应结合道路所在地区的自然气候条件、公路等级、交通荷载等级和社会经济发展水平等，参考借鉴该地区现有的设计方法和国内外的研究成果，选择合适的路面结构组合。

②确保路面结构的使用性能长期稳定。在整个设计使用年限内，路面结构的各项性能指标都必须符合规范的要求。而且为了保证路面结构的整体性和结构层之间应力传递的连续性，各结构层之间应尽量紧密结合。

③路面各结构层的技术性能与力学响应量必须一致。作用在路面上的车辆荷载与温度、湿度变化产生的力学响应量均随着路面结构层深度的增加而逐渐减小。

④当沥青路面的基层采用无机结合料稳定类材料时，要注意各结构层的模量比需要满足一定的要求，如面层和基层的模量比应为 1.5 ～ 3.0，基层和底基层的模量比应小于等于 3.0，底基层和路基的模量比应为 2.5 ～ 12.5。

⑤对路面结构组合设计时应按照“因地制宜、节省资源、方便施工、降低造价”的原则，充分利用当地现有的筑路材料，结合该地区的经济、交通、气候状况制订不同的路面结构组合方案，最终对各方案进行分析比较，选择合理的路面结构。

二、我国沥青路面结构组合与选择方法

1960 年以前，我国在修筑路面时一般只用砂石材料。

1960—1980 年，沥青路面随着油田的开发而开始使用。但由于严重缺乏沥青资源，全国交通发展的需要还得不到满足，再加上我国当时也无法从国外进口沥青，最广泛使用的基础结构为无机结合料稳定粒料，以满足日益增长的交通荷载的需要。这一国情导致我国长期以来都是采用“强基薄面”的结构。

1990 年前后，我国沥青路面结构的主要形式是半刚性基层的沥青路面。除了北京地区一般采用 18 cm 的沥青面层以及最早修建的京津塘、广深珠高速公路有较厚的沥青面层外，国内广泛使用的为厚度在 15 ～ 16 cm 共三层的沥青路面。目前，许多省份的沥青路面面层厚度都进行了加厚。我国沥青路面面层厚度如表 4-1 所示。

表 4-1　我国沥青路面的典型结构厚度

高速公路、一级公路		
沥青路面面层总厚度 150 ～ 180 mm	下面层	60 ～ 80 mm
	中面层	50 ～ 60 mm
	表面层	40 mm
1 层或 2 层水泥、石灰、粉煤灰稳定碎石（砂砾）基层厚度为 200 ～ 400 mm		

20 世纪 90 年代以来，我国沥青路面损坏的情况不断出现，最早出现的一批修建的公路已经进行过多次改造及修复。以我国目前的二级公路为例，路面结构普遍采用典型半刚性基层的沥青路面。人们对柔性基层路面结构和倒装式路面结构等形式的研究越来越多，也越来越认同永久性路面设计的理念。

第三节 沥青路面结构厚度设计

一、沥青路面结构厚度设计参数

（一）路表弯沉

路表弯沉计算公式如下。

$$l_s = 1000\frac{2p\delta}{E_1}\upsilon_e F$$
$$a_e = f\left(\frac{h_1}{\delta},\frac{h_2}{\delta},\cdots,\frac{h_{n-1}}{\delta};\frac{E_2}{E_1},\frac{E_3}{E_2},\cdots,\frac{E_0}{E_{n-1}}\right) \tag{4-1}$$

式中，l_s——路表弯沉；

p，δ——标准车轴载轮胎接地压强；

F——弯沉综合修正系数；

a_e——理论弯沉系数；

E_0——路基回弹模量；

E_1，E_2，…，E_{n-1}——各结构层材料回弹模量；

h_1，h_2，…，h_{n-1}——各结构层的厚度。

可应用括号内的参数作为输入数据，应用通用软件计算得到。

弯沉综合修正系数计算公式如下。

$$F = 1.63\left(\frac{l_s}{2000\delta}\right)^{0.38}\left(\frac{E_0}{p}\right)^{0.36} \tag{4-2}$$

（二）结构层底拉应力

拉应力计算公式如下。

$$\sigma_m = p\bar{\sigma}_m \tag{4-3}$$

其中，$\bar{\sigma}_m$为理论最大拉应力系数，按下面的公式计算。

$$\bar{\sigma}_m=\varphi\left(\frac{h_1}{\delta},\frac{h_2}{\delta},\ldots,\frac{h_{n-1}}{\delta};\frac{E_2}{E_1},\frac{E_3}{E_2},\ldots,\frac{E_0}{E_{n-1}}\right) \quad (4\text{-}4)$$

可应用括号内的参数为输入数据，应用通用软件计算得到。

结构层的容许拉应力通过实测其极限拉应力后才能确定。所有这些构成了沥青路面结构设计必备的系列参数。

（三）结构层材料的弯拉极限强度

沥青面层与有机结合料或无机结合料稳定粒料基层的弯拉极限强度，应按照我国有关规程规定的方法进行测定。我国规范规定采用间接拉伸试验，即劈裂试验来测定结构层材料的弯拉极限强度。

路面结构层的各项设计参数，包括抗压回弹模量和弯拉极限强度等，原则上都应该在确定原材料料源之后，配合工程，按规定取样在实验室完成测定工作。对于高速公路和一级公路，所有的设计参数必须通过实验室测定，其他等级公路若部分参数确实有困难无法实际测定时，可以参考一定的参数论证选定。

二、沥青路面结构厚度设计步骤

①根据设计任务书的要求，确定路面等级和面层类型，计算设计年限内一个车道的累计当量轴次和设计弯沉值。

②按照路基土类与干湿类型，将路基划分为若干路段。一般情况下路段长度应大于500 m，若路基施工采用大规模机械化作业，则路段长度应大于1000 m，并确定各路段土基回弹模量值。

③根据已有成功的工程实例或参考推荐的路面结构拟定几个路面结构组合设计方案与厚度方案。根据选用的材料进行结构材料组成设计，并测定各结构层的抗压回弹模量、抗拉强度等参数，论证确定各结构层的材料设计参数。

④根据设计弯沉值计算路面厚度。对于高速公路沥青混凝土路面和半刚性材料的基层、底基层，应验算拉应力是否满足容许拉应力的要求。如不能满足要求，可调整路面结构层厚度，或变更路面结构组合，或调查材料配合比，以提高极限抗拉强度，再重新计算。上述结构的弯沉和拉应力应采用弹性层状体系理论编制的设计程序。对于季节性冰冻地区的高级和次高级路面，尚应验算防冻厚度是否符合要求。

⑤进行技术经济比较，确定采用的路面结构方案。

第四节　沥青面层材料组成设计

一、沥青面层材料设计项目

（一）沥青路面面层结构的选择

沥青面层的各项性能是否满足规范要求，与沥青混合料的材料类型以及沥青面层的厚度密切相关。沥青面层一般情况下分为两层或三层铺筑，对于高等级公路沥青面层，可分为上、中、下三层；对于较低等级的公路沥青面层，一般分为上、下两层，也可根据实际情况采用一层铺筑。为防止雨水等地表水渗入路面结构层和路基，宜选用密级配沥青混合料作为沥青面层材料。与此同时，沥青面层的集料公称最大粒径还应遵循自上层至下层逐渐增大的设计原则，因此在设计时上面层宜选取细粒式和中粒式沥青混合料，下面层宜选用粗粒式沥青混合料。

（二）沥青路面基层材料的设计

基层是路面结构的承重层，主要承受的是由面层传来的行车荷载的垂直力，因此应该具有较高的强度和刚度；同时基层还要将受到的力扩散到土基中去，因此还应具有较强的扩散应力的能力。基层受到大气因素的影响相比面层稍小，但是仍然有可能会受到大气降水和地下水的浸蚀，所以基层结构还必须具有一定的水稳定性。基层的各项性能是否符合规范的规定，与基层材料的类型和厚度密切相关。基层一般为两层铺筑，即上基层、下基层或底基层，也可根据实际情况采用一层铺筑，如较低等级公路可以只设置上基层而不设置下基层或底基层。一般情况下下基层或底基层所用材料的质量要求相比上基层要低，且可用当地材料来修筑。

基层的厚度应根据公路等级、交通荷载等级、压实机具功能的充分发挥以及有利于施工等各项因素综合考虑，通过结构验算后再确定适宜的厚度。

（三）路基改善层的选择

由于风积沙松散无黏性，所以在碾压成型后，路基顶面会存在大约 10 cm 的结构松散层，这不仅影响路基的整体稳定性，还不利于后续的施工作业和下一阶段的交工验收。故在路基顶面设置一层改善层，不仅能够保证路基的整体稳定性，还能提高路基顶面的回弹模量、改善路基的湿度状态。为了就地取材利用风积沙，可采用水泥稳定风积沙作为路基改善层的修筑材料，并提出 15 ～ 20 cm 的推荐厚度，在高速、一级和二级公路中设置 20 cm 的水泥沙改善层，在三级、四级公路中设置 15 cm 的水泥沙改善层。

二、沥青面层材料组成设计以马歇尔设计法为例

马歇尔试验用于确定沥青混合料的最佳油石比。其试验过程是：在规定的温度和湿度等条件下，对试件进行标准击实，以测定混合料的稳定度和流值等指标，经计算并绘制出油石比与稳定度、密度、流值、饱和度和空隙率等的关系曲线后，再确定沥青混合料的最佳油石比。

（一）原材料的选择

1. 集料

在整个道路工程中，集料的性能好坏、质量优劣直接影响着道路工程建设。根据集料粒径，可划分为细集料和粗集料，这些划分并不是用一刀切的方法，而是根据不通用途的粒径，有不同的划分标准。按粒径大小划分，4.75 mm 以上属于粗集料，用于水泥混凝土基层，4.75 mm 以下属于细集料。

2. 纤维稳定剂

沥青混合料中通常会掺加木质素纤维、矿物纤维等作为纤维稳定剂。纤维在混合料的拌和过程中必须能够充分分散均匀。通过沥青混合料总量的质量百分率来计算掺加的比例。

（二）混合料配合比技术要求

1. 马歇尔方法确定最佳沥青用量

确定最佳沥青用量主要通过马歇尔试验。首先需要制备出马歇尔试样。在确定了沥青混合料的配合比之后，计算得到不同规格的集料用量。沥青用量要根据经验预估，以预估值为中值，0.5% 为步长，得到不同的沥青用量，在此用量下进行混合料的拌制，并根据规定的击实次数制备出试件。

制备出试件后首先要进行密度测定，然后计算如空隙率、矿料间隙率、沥青饱和度、粗集料间隙率等相关的体积参数。马歇尔方法是根据沥青混合料的类型和密实程度确定密度的测试方法。

2. 马歇尔击实试验

马歇尔击实试验操作简单、易学，而且试验用的设备和试验条件都较为简单，因此我国通常使用马歇尔击实试验来进行沥青混合料的组成设计。然而随着公路建设技术的发展，尤其是压路机吨位级效率的提高，再加上公路上重型车辆的数量越来越多，采用马歇尔击实试验设计的沥青混合料往往会存在密实度低、油石比高等问题，沥青路面铺设的过程中经常会出现压实度超过 100% 的现象，室内设计的混合料指标无法对施工现场进行有效的控制。道路通车后路面上车辙、拥包、泛油等病害出现的速率较快。种种现象都表明马歇尔击实试验方法有明显的缺陷。因此在一些项目中已经开始采用如 Superpave 的旋转压实等的沥青混合料设计方法，通过这些方法所设计出的沥青混合料性能要优于马歇尔击实试验。Superpave 旋转压实方法较为接近沥青混合料施工现场的压实方法，也与大吨位压实机械对混合料的压实功效一致。除此以外，工程经验表明，马歇尔击实方法设计出的油石比要明显大于旋转压实设计出的油石比，且马歇尔击实方法设计出的沥青混合料路用性能要差于旋转压实设计出的沥青混合料路用性能；但是马歇尔击实方法简便的试验方法、较低的成本、易于被工程技术人员接受等特征更适合于我国的实际情况，因此马歇尔击实方法在国内的使用仍然比较广泛。为了提高设计的沥青混合料的路用性能以克服马歇尔击实方法的缺点，可以通过提高马歇尔击实试验的击实次数，并对通过不同击实次数成型的马歇尔试件进行测试，检测其各项指标如何变化，进而分析出提高击实次数会对体积指标产生怎样的影响。

第五节　沥青路面防冻层设计

一、沥青路面的防冻层材料的选择

在沥青路面的设计过程中，防冻层的设计相当重要，其对工程路面的施工质量有着直接的影响。一般而言，沥青路面的抗冻能力与防冻层所选取的材料以及防冻层厚度设计直接相关。其中，在选择防冻层材料时，既要考虑路面材料的力学特性，又要考虑路面材料的稳定性，以增强路面的抗冻能力。

（一）路面材料在负温下的力学特性

在确定沥青路面抗冻设计的控制指标时，必须对路面防冻层材料的力学特性有所了解。因此，在沥青路面施工过程中，必须先对正温下具备一定变形能力的路面材料进行测试，观察其处于负温状态时，防冻层材料的变形能力和力学特性。调查发现，当对低于 -10 ℃的沥青混凝土小梁施加垂直荷载超过其极限值时，小梁会发生断裂。断裂之后，沥青路面的断裂模量会随温度的降低而增加。

（二）路面材料的稳定性

路面材料的力学性质与路面的坚固性、抗变形以及抗磨耗等能力有关，而路面材料的热物理性质主要与路面材料的稳定性相关。在沥青路面防冻层的设计过程中，采用不同的基层材料，会给混凝土造成不同程度温度的影响。其中，采用导温性能相对较好的灰土基层材料，相对炉渣材料而言，混凝土板上的平均温度在夏季偏低。相反，冬季它的平均温度要高一点。这表明，受路面材料热学性质的影响，路面结构和土基呈现出不同的温度。所以，在进行防冻层设计时，必须利用相应的传热理论，计算出合适的防冻层厚度。在选择路面防冻层的施工材料时，应优先选择隔温性能好、强度高的材料。但是在一般情况下，受条件的限制，无法做到两者兼容。通常路面材料热物理性质主要包括导热系数、热容量和导温系数指标。

二、沥青路面的防冻层设计参数

我国季节性冰冻地区，路基处于中湿、潮湿状态时，路面结构易受冻害，为防止冻害应设置防冻层。防冻层多数采用煤渣、矿渣及粉煤灰等工业废料修筑。

防冻层厚度设计的原则是，确保路面结构总厚度大于最小防冻厚度，使路基顶面位于防冻厚度以下，则可避免冻害影响。

$$h_s \geqslant h_p \tag{4-5}$$

式中，h_s——路面结构总厚度，即路基顶面以上路面结构厚度（cm）；

h_p——路面最小防冻厚度（cm）。

路面最小防冻厚度与路基土质、路基干湿类型、道路冻深以及基层、垫层类型有关。在防冻层厚度设计时，路面最小防冻厚度与各影响因素的关系，可根据路面结构与路基状况对应参考使用。

大地表面修筑公路后，原始的热平衡被重新调整，因此，天然的冻土深度因开挖路垫、填筑路堤、覆盖了路面材料而发生变化，道路的冻深则不同于一般天然的冻土深度，其计算公式如下。

$$h_d = a \cdot b \cdot c\sqrt{f} \tag{4-6}$$

式中，h_d——从路表至道路冻结线的深度（cm）；

a——路面结构隔温层材料热物理性质系数；

b——路面横断面（填、挖）系数；

c——路面潮湿类型系数；

f——最近 10 年冻结指数平均值，即冬季负温的累积值，可根据气象部门观测资料整理计算确定。

三、沥青路面的防冻技术

（一）清除法

清除法包括人工除雪（冰）和机械除雪（冰），人工除雪（冰）对冰雪清除得较为彻底，但效率低下、费用高昂且会干扰交通通行，适用于小雪及局部路段的冰雪清除。

机械设备进行雪（冰）清除，是指用平地机、除雪铲等机械设备对道路积雪（冰）进行清除，该办法通常效率较高，对于大面积机械化清除作业较为适合。但对于气温很低时，单独使用机械除雪（冰）的效果并不理想，虽可除去道路上的主要积雪，却无法彻底清除冰面。

（二）融化法

1. 化学融化法

化学融化法主要通过在冰雪中撒入融雪剂来将其融化。融雪剂，是一种化学品，其成分主要是醋酸钾和氯盐。融雪剂的功能就是融化道路上的积雪，便于道路疏通，但其具有危害性。

2. 热融化法

热融化法是借助加热的方法来实现融冰雪，该方法的主要特点是没有化学污染，目前已被广泛关注，并成为研究重点。

（三）导电沥青混凝土法

导电沥青混凝土是在普通混凝土中添加一定剂量的导电材料配制而成，它既具备普通混凝土的承载能力，又含有良好的电热特性及导电性。沥青及其混合料皆为绝缘材料，只有在其中掺入大量导电材料才能使其具备良好的导电性能。综合导电性、成本、与沥青的相容性以及金属的易氧化性等因素后，目前通常采用碳基材料（石墨、碳黑、短切碳纤维及导电炉）来进行导电材料的设计。在施工中，沥青混合料级配应借助良好的颗粒组成来形成足够的矿料间隙用于填充这些导电材料。

（四）发热电缆系统法

发热电缆加热系统将电力作为能源，发热电缆作为发热载体，经过结构层将热量传递到路面表层，实现电能向热能的转化，最终融雪化冰。发热电缆用于路面融雪化冰在国外（如北欧国家）也已有应用，但未有系统的实施经验、研究结果以及相关标准。

第五章　高速公路沥青路面的翻修设计

当沥青路面发生严重的结构破坏时，需采取沥青路面翻修方案，即将原有路面铣刨并回铺新的沥青混合料。在选用沥青路面翻修方案时，还需要综合考虑路面结构的病害程度、病害位置以及翻修路面交通量等因素，进而选择合理的铣刨翻修方案。本章分为沥青路面车辙翻修方案设计、沥青路面水损害翻修方案设计、沥青路面裂缝病害翻修方案设计三个部分，内容主要包括：沥青路面压密性车辙和失稳性车辙翻修整治方案，水损害调查分析，抗水损害翻修方案设计，裂缝病害翻修方法及工艺，裂缝病害翻修时机选择、翻修工艺和效益及性能评估等。

第一节　沥青路面车辙翻修方案设计

一、压密性车辙翻修整治方案

（一）压密性车辙微表处整治方案及技术要求

沥青路面压密性车辙病害是由于施工质量控制不严，沥青面层本身压实度不足，致使通车后在高温季节混合料继续压密，在交通荷载的反复碾压作用下，导致的轮迹带处产生压密性车辙。因此在整治的时候，只需对轮迹带处利用微表处进行表面车辙的修补即可。所谓的微表处就是指具有一定级配的集料与各种添加剂与水、沥青等，按照一定的比例拌和成一种新型混合料，再均匀铺筑于路面表面层。这种整治方案相对于其他方法具有以下优点。

①耐磨性提高。利用微表处对车辙病害进行处理，可以在路面表层形成一个厚度比较大的耐磨耗层，增强了对行车荷载的抵抗性能。

②通车时间早，对交通影响较小。由于微表处施工过程中对原来的路面结构不做调整处理，只在表面轮迹正下方做修补处理，施工程序相对简单，修补完成后开放交通的时间比较快。

③路面平整度提高。通过微表处对车辙病害进行整治处理，原来的路面车轮痕迹凹陷部分得到了填充，进而提高了路面的平整度。

④环保。整个微表处施工过程中不存在尘土、噪声的污染，施工后也不对外部环境排污水，因此对环境相当有利。

常用的微表处施工技术作为一种预防性养护工艺，按照材料不同可以分为两种形式：MS-3 型微表处和 MS-4 型微表处。其中，MS-3 型微表处主要用于一级车辙病害的翻修整治，而 MS-4 型微表处主要用于二级车辙病害的翻修整治。二者的区别在于 MS-3 型微表处使用的集料尺寸大小要远远低于 MS-4 型微表处，因此从翻修整治完成的结果来看，MS-4 型微表处的抗车辙性能要远远优于 MS-3 型。对于车辙病害比较严重的地区，在进行翻修整治的时候可以采用两种微表处共同叠加的处置方式，这样就可以降低在翻修整治完成后又重新出现车辙病害的概率。在沥青路面压密性车辙病害的翻修整治过程中，MS-4 型微表处使用的材料粒径相对比较大，可以整治深度较大的车辙病害路段。

1. 车辙试验

车辙试验是目前国内外常用的一种评判车辙翻修整治措施的方式。通过车辙试验可以明确地观察到翻修整治措施的抗车辙能力，在试验过程围绕着车辙试验仪进行。

室内车辙试验结果显示的沥青混合料抵抗车辙变形的能力与工程实际中的抗车辙性能具有高度的吻合性，这一点已经在国内外各项车辙试验中得到了验证。

在试验中，首先需制备好试样，然后进行碾压密实，碾压过程中依然按照常规方法进行。最后制备好的试样在常温常压下静置 48 h，48 h 以后用车辙试验仪进行车辙试验，记录相关数据，继而进行试验分析。

2. 路用性能比较

试验中证明 MS-4 型微表处的性能较优越。但是，这只是从单体试验中得出的结论。为了更好地与实际工程相契合，获得最终铺筑成型后路面的使用性能的优劣结果就显得尤为关键。因为路用性能是对试验结论的验证总结，试验过程及最终结果的正确与否完全取决于最后翻修整治方案在行车荷载作用下产生的路用性能的优劣。为此设计湿轮磨耗试验，以摆值作为评价指标。按照规定要求进行试验，试验过程中需要重点记录好湿轮磨耗前和湿轮磨耗后的摆值。

为测定两种微表处的表面使用功能，测定 MS-3 型与 MS-4 型微表处的摆值与构造深度。按照设计级配曲线制备湿轮磨耗试件，分别测定湿轮磨耗前后的摆值与构造深度。

3. 比较结果分析

① MS-4 型微表处在材料选取上更加方便简单，因为 MS-4 型微表处都是选用粒径较大的材料。

②级配设计是 MS-4 型微表处混合料的重要环节。为了能够选取适用于本地区的与实际工程相符的混合料级配，可以在既定的级配范围内通过添加组成材料的质量占比来进行级配合成。

③ MS-4 型微表处对交通的影响较小。施工完成后的数小时内就可以开放交通。

④ MS-3 型微表处适合翻修整治一级车辙病害，MS-4 型微表处适合翻修整治二级及以上车辙病害；MS-4 型微表处较 MS-3 型微表处具有较好的路面使用性能。

（二）压密性车辙 MS-4 型微表处技术特点

MS-4 型微表处作为一种新的技术工艺，具有很大的实用价值。在沥青路面车辙病害处置方面更是展现出了它独有的特性。但就技术特点而言，总结起来主要有以下两个方面。

1. 车辙翻修整治方面

MS-4 型微表处在翻修整治压密性车辙方面具有其特殊的优越性，当车辙病害属于二级及以上时，相比于铣刨重铺和 MS-3 型微表处，车辙深度越深就越能体现其特点。MS-4 微表处对材料的利用率高、对交通的影响小，翻修整治后稳定性高，路面平整度好，再次发生变形的可能性低。

2. 路用性能方面

MS-4 型微表处选用的材料的粒径比较大，容易形成较强的骨架空隙结构，具有良好的表面抗滑性能以及较高的强度，在翻修整治二级及以上车辙病害的时候有良好的性能。从最终整治结果来看，它的路用性能相比于 MS-3 型微表处要高一层次，从长远角度考虑，适宜选用 MS-4 型微表处。

二、失稳性车辙翻修整治方案

（一）失稳性车辙密级配沥青稳定碎石整治方案及技术要求

失稳性车辙主要是由于外部车辆荷载作用于路面结构上后，结构层内部材料发生移动出现掏空而形成的。既受外部高温环境的影响，又受行车荷载的影响，按照温度荷载等效原理，极易引起面层的不稳定。针对失稳性车辙病害整治方案需要重点考虑行车荷载、温度以及长大纵坡等问题。在整治方案中，外部的高温、重载环境不能改变，可以从降低对环境的影响的因素入手，如路面结构层的压实度、材料的极限抗压强度、翻修整治措施的施工难易程度、经济效益比等诸多方面。最终在考虑上述影响因素的前提下，本着良好的抗车辙性能、优越的路面使用性能、简单可行的施工工艺、施工技术以及经济效益最大化的目标，选出适合地区高速公路沥青路面病害整治的合理方案，即提出密级配沥青稳定碎石整治方案。所谓的沥青稳定碎石混合料是指由沥青和矿料按照一定的比例混合形成的具有一定级配结构的混合料，并且按照集料粒径的尺寸大小、矿粉添加剂的占比分为开级配、半开级配以及密级配这三种级配形式的混合料。选用其他级配级别的混合料是由地区高速公路所处的外部环境决定的，如行车荷载、昼夜最大温差、当地筑路材料的属性等。

通过综合分析，考虑采用抗车辙剂和使用改性沥青这两种具体的技术方案，并分析各自的路用性能。在实际工程应用中，两种技术措施均可用于翻修处置工作，实施难度相对较低，并且从最终的结果来看，路用性能都有很大的改观，且能够满足各项指标要求的限值。但是，在施工过程中，两种措施受外部环境的影响较大，在不封闭交通的情况下，车辆会周期性间断施工，而对于需要连续施工操作的影响就会非常大，导致的结果就是压实度不满足规范要求，路面平整度也难以满足要求。

翻修整治失稳性车辙的时候，虽然选定了改性沥青的技术措施，但是为了提高路面使用性能，降低车辙病害发生的概率，可以适当地掺入与其他材料属性兼容的抗车辙剂，用来增大抗车辙性能。

（二）密级配沥青稳定碎石技术特点

甘肃省河西地区的高速公路，因为其特殊的地理位置，过境重载、超载的大型货车比较多，在夏季高温季节，面对外部恶劣的环境很容易产生车辙病害。如果混合料内部的极限抗剪强度低于行车荷载对路面结构产生的剪切强度，就会发生位移。从沥青稳定碎石混合料的外表来看，它的抗剪切强度主要是由骨架密实结构和沥青混合料的黏聚力产生的。前者的影响因素主要是矿料的外部形状及表面特性以及材料内部各种材料的相互挤压、摩擦产生的阻力；后者主要是沥青产生的黏聚力。因此通常情况下，工程中采用无侧限抗压强度试验和劈裂强度试验来对混合料的黏聚力进行数学计算，以此来评价它的抗剪切性能和其他力学指标。

从目前的研究分析可以得出，沥青稳定碎石混合料主要用在路面结构中的上面层以下层位。其优点有如下几点：①具有良好的路用性能。②大粒径沥青稳定碎石基层具有良好的结构强度，能够抵抗超载、重载车辆的重复荷载作用；③具有显著的经济效益，值得推广。

沥青稳定碎石混合料是一种非均匀、多层次的复合材料，集料在混合料中的占比达到了95%。所以集料外形、规格尺寸、级配范围等共同决定了它的组成。而在宏观角度，其往往直接表现出对路面使用性能的影响。当密级配沥青稳定碎石铺筑在路面结构层中的下面层时，除了要防止车辙病害的发生，还需要对水损害的发生有一定的作用机制。

因此，要从提高密级配沥青碎石的抗变形能力入手，研究沥青稳定碎石混合料强度的形成机理、外加剂的兼容性、使用剂量及其对混合料的影响，提高混合料的路用性能及抗车辙性能。

第二节　沥青路面水损害翻修方案设计

对以水损害为主且严重到需要翻修的路面，进行设计时应从以下三个方面来考虑。一是进行合理的材料设计，改进材料，提高沥青混合料本身的抗水损害性能，如选用黏附性好的沥青和矿料、采用聚合物改性沥青结合料、添加抗剥落剂等。二是采用合适的路面结构，如选用合适的混合料类型、设计良好的排水系统，防止水渗入路面结构层。三是采取预防性养护措施防止或减缓水损害的发生与发展。

一、水损害调查分析

大量调查表明，沥青路面出现的松散、坑槽、唧浆等病害多是在路面的局部位置产生水损害，且多与离析现象有关。由于离析，粗集料集中部位路面空隙率大，水分易渗入路面结构内部，并在行车荷载的不断作用下，逐渐形成松散、坑槽等。

造成沥青路面水损害的影响因素有很多，包括路面结构层的设置、混合料级配、材料质量、施工管理水平以及气候状况等，其中任何一种因素都可能导致水损害的发生，所以水损害的防治必须综合设计。

对以水损害为主要病害形式且需要翻修的路面，在制订大修方案时，应先进行现场调查测试和室内试验，进而分析水损害产生的具体原因，并在翻修方案设计时给予充分的考虑，防止水损害的再次发生。

若路面病害主要是水损害且比较严重，在制订大修方案时，必须对高速公路全段进行全面系统的水损害病害调查，结合高速公路沥青路面病害与成因分析相关内容，分析水损害产生的原因，为翻修方案的制订提供参考。

（一）调查水损害形式及程度

对全路段的水损害形式以及程度进行详细调查，包括病害的种类、多少、分布情况等。①对沥青路面出现的损害拍照，并对麻面、松散、唧浆、坑槽、沉陷等进行分类统计，按不同程度划分等级。②记录、计算沥青路面发生病害的位置、面积等。③在雨天对道路的排水情况进行现场标记，对路面排水不畅和积水路段要标记清楚。④对水损害严重的地方，挖开沥青层查看不同层面发生的病害以及材料和结构状况。

（二）钻芯取样分析混合料材料的构成

1. 确定沥青含量

由于路面离析区域的粗、细集料分离，沥青混合料中的沥青含量就存在差别，粗集料集中的部位由于其较小的比表面积通常含有较低的沥青用量。通过室内抽提试验对不同程度的离析试样进行研究，发现随着试样离析程度的增加，抽提的沥青用量在减小，路面离析区域的沥青含量较均匀区域低 1% ～ 2%。

路面出现离析现象后，粗集料集中的部位由于沥青用量少，不足以完全裹覆矿料颗粒，因此矿料之间的黏结力差，易出现松散和坑槽病害。

2. 分析矿料级配

级配离析是造成一些水损害的主要原因，在调查中应重点分析所用混合料类型，并判断其是否偏离设计级配。

级配离析是最常见的离析现象，与混合料粗、细程度和级配特征有关。混合料最大公称粒径越大，混合料中粗、细颗粒越容易发生分离，且对外界扰动敏感，在拌和、运输摊铺过程中容易产生级配离析现象。凯迪威和怀特通过室内试验研究了多种级配曲线的可能离析程度，结果表明粗集料含量高的级配混合料最易发生离析现象。

一般情况下，连续的密实级配要比间断级配较容易摊铺成均匀一致的路面。间断级配的沥青混合料由于缺少某档中间集料，在施工过程中的可能离析程度比连续级配更加严重。通常，沥青混合料离析的程度与9.5 mm、4.75 mm、2.36 mm这三个筛孔的通过率的变化相关。离析区域的沥青混合料通过No.4筛孔的质量百分率比非离析区域相应高8% ~ 10%。通过研究也得出结论，离析区域的沥青混合料通过No.8筛孔的质量百分率比非离析区域相应低8% ~ 15%。

3. 调查层厚与粒径的关系

调查发现，沥青层较薄的沥青路面易发生水损害现象。这是因为路面层厚较薄时，在摊铺过程中不仅可能产生压碎现象，还有可能导致较严重的离析现象。所以需要调查和测量沥青层厚及总厚，考察沥青层厚与混合料的公称最大粒径是否匹配。

我国目前施工中常用的中、下面层的层厚较薄，采用的公称最大集料粒径往往偏大，在摊铺过程中，混合料在螺旋分料器输送过程以及摊铺机摊平板和振捣器的作用与影响下，会产生粗细集料的分离，从而发生离析。产生离析处的路面空隙率往往较大，导致沥青路面局部早期水损坏。

（三）调查层间接触情况

调查时也可对路面结构层之间的接触情况进行调查。当沥青层之间沥青层与半刚性基层之间的接触较差时（如结构层之间由于各种原因造成污染，层与层之间局部或者完全脱离，使得外界水分顺利进入路面结构内部），将使沥青路面的工作条件发生不利的变化，引起路面水损害病害。高速公路沥青路面设计规范中结构设计以弹性层状体系理论为基础，在设计结构厚度和验算沥青层底的拉应力时，假设各层之间是完全连续的；但实际情况并非连续，受到污染和未喷洒粘层油、透层油的沥青路面，沥青层之间、沥青层和基层之间有可能变为不完全连续，处于滑动与连续之间。理论分析证明，层间变为非连续状态时，层底会产生较大的拉应力，并最终引起路面损害。

在调查中如发现有接触状况不佳的问题，如钻芯取样时层间完全脱落，则说明层间是完全滑动的；如钻芯后经敲击层间脱落，则说明是层间部分连续的。这些都是早期损害的原因之一，需要进一步分析产生这种层间接触差的原因。

产生沥青层之间不连续的可能原因包括：①由于采用分层铺筑，各沥青层的施工不衔接，各项附属设施施工对已铺沥青层造成污染；②从路面空隙和裂缝等破损处渗入路面结构内的水分，积滞在半刚性基层表面而不能迅速排除；③半刚性基层上未喷洒好透层油；④半刚性基层表面没有清除干净，有浮灰；⑤在季节性冰冻地区，基层表面受到冰冻而损坏等。

（四）调查排水状况

在我国沥青路面水损害调查中发现，水损害常与以下情况有关：路面结构未设计任何排水结构层和防水层，基本上依靠路面纵坡、横坡来排除地表积水，造成路面结构设计远不足以抵抗水分的浸入；在盲沟等排水系统施工过程中偷工减料，造成盲沟被堵塞，未能发挥作用；中央分隔带边缘和路面边部压实度不足，交工后雨水侵入，导致边部水损害逐步向中部扩散。

所以在调查水损害成因时，需进行以下调查：调查全线路面的纵坡、路拱横坡等，检查其设计是否合理，尤其是在弯道和凹曲线路段；对翻修道路的排水设施进行调查，检查其排水是否符合要求，包括对路表排水设施、路面结构内部排水设施、中央分隔带排水设施的调查，以及对路基排水设施包括边沟、拦水带、涵洞、急流槽等的调查。

二、抗水损害的翻修方案设计

（一）合理选择表面层的空隙率

为防止水分对路面的不利影响，应防止水分下渗进入路面内部，并且对进入路面中的水能快速排除，以此为原则来选择路面结构层混合料类型，也即路面空隙率足够小，防止水分的渗入；或者路面空隙率足够大，水分能自由流动，不会在车载作用下形成动水压力。

（二）路面表层选择合适的沥青混合料类型

为防止水分渗入，可以使用：①传统的连续级配，如我国常采用的 AC 型沥青混凝土，空隙率设计为 3% ～ 5%；②粗集料间断级配的沥青混凝土，如沥青玛瑞脂（SMA），空隙率设计为 3% ～ 4%；③细集料间断级配沥青混凝土，如英国的热压式沥青混凝土（HRA），该结构路面空隙率极小，一般用在桥面铺装上。

为防止水分在路面中滞留，也可以采取及时有效的排水措施，如使用大孔隙排水式沥青混合料，如开级配抗滑表层（OGFC），利用其透水性将水分沿其完善的路面内部排水设施排出去。

（三）层厚要与混合料最大公称粒径匹配

路面层厚与其混合料颗粒粒径不相匹配时，在摊铺过程中不仅可能产生压碎现象，还有可能导致较严重的离析现象，从而引发水损害。所以在选择混合料类型时，应选用合理的公称最大集料粒径，并与沥青面层压实层厚相匹配。美国提出沥青层厚度宜为公称最大粒径的 3 倍。澳大利亚规定沥青层厚度宜为公称最大粒径的 2.5 倍；对于 SMA 公称最大粒径为 7 mm、10 mm、14 mm 的适宜层厚分别定为 20 ～ 30 mm、25 ～ 35 mm、35 ～ 50 mm。

一般而言，沥青层厚宜采用公称最大粒径的3倍以上，且公称最大粒径越大，层厚也应越大。针对不同的混合料，我国的各种沥青混合料都有适宜层厚。

（四）采用沥青稳定碎石排水基层加强路面内部排水

防止水分对沥青路面的不利影响是沥青路面结构设计和材料设计考虑的重要方面。一段时间以来，由于沥青路面水损害严重，有些高速公路为了减少水损害，沥青面层采用空隙率小的连续密级配沥青混合料以减少水分的渗入，但是该措施不仅没有从根本上解决水损害问题，还带来了较为严重的车辙病害。水分进入路面的渠道是比较多的，而且难以避免，所以采取措施及时排除进入路面结构内部的水分就显得非常重要。

在路面结构内设置排水基层是国外沥青路面结构设计中的常用措施。西方发达国家特别重视沥青路面内部的结构排水问题，美国在路面长期使用性能研究项目“设计和施工因素对路面性能的影响”中的调查就认为，基层类型是各项性能最重要的影响因素，而且基层排水设置与否也有非常重要的影响。

20 世纪 80 年代末，美国、法国、日本相继修建了排水基层试验段，并取得了很好的效果。美国加州大学的研究表明，设置排水基层的柔性路面的使用寿命至少要比不设排水层的柔性路面长 33%。美国加利福尼亚州的研究认为，该州每年新建的路面，采用内部排水设施的路面能节省 1100 万美元的维修费用，因而采用内部排水设施所增加的资金投入可以很快从路面的使用性能提高、使用寿命延长和养护工作量的减少中得到补偿。美国国家公路与运输协会发布的 2002 年路面设计指南推荐的路面结构组合设计中，主要根据道路的交通量大小选用混合料类型。指南推荐轻交通量道路的基层可采用密级配的混合料；中等交通量道路的基层可采用密级配混合料和沥青稳定碎石排水基层（适用情况 50%）；对于大交通量的重交通道路，推荐基层结构采用密级配和沥青稳定碎石排水基层（适用情况 100%），可以取得很好的效果。

目前我国对排水基层的应用研究还很少，我国于 1997 年颁布的《公路排水设计规范》（JTJ 018—97）才把路面内部排水写入，但规范中仅对内部排水系统的结构设计、材料组成、结构尺寸等方面做了原则性的规定，在很多方面还很不详尽，实践应用还比较少，有待于更多的研究来使之细化和完善。

（五）设置封层防止水分渗入

设置防水层的目的是防止进入沥青表面层的水继续下渗到沥青中、下层，以及到达并滞留在基层顶面，避免冲刷、唧浆和路面坑洞等水损害的发生。在降雨量大，水损害现象较为严重的地区，在大修工程沥青路面结构设计中可采用上封层和下封层。封层的设置方式有以下几种。

①在沥青路面的基层上喷洒透层油后做下封层，防止水分对基层的浸湿。

②在表面层下设置封层，可采用改性乳化沥青封层，它既可作为粘层油，又会起到封水作用。

③表面层上做微表处封层，将其作为预防性养护措施，可以防止水分下渗，也可提高路面的抗滑性能。

（六）加强施工控制，提高沥青路面质量

为了防止路面水损害，不仅要从设计上采取相应措施，也要从施工方面加强控制，减少沥青路面离析现象；加强压实和质量检测，提高沥青路面质量，消除质量隐患。为了防止离析导致的路面水损害，可以采取以下措施。

①保证料源的稳定，确保矿料的加工质量和供应数量。

②加强矿料级配、拌和温度、油石比的指标控制，保证各指标在设计要求的范围内，注意过程检测，并根据情况的变化进行动态调整。

③根据不同施工情况、天气情况调整沥青混合料的出场温度。

④沥青混合料运输过程中要采取措施减少温度离析和级配离析，必须保证供料及时和装卸合理，建议使用沥青混合料转运车以从根本上改善温度离析和级配离析。

⑤沥青混合料摊铺机的机械参数和运行参数应根据试拌、试铺的工作参数进行合理调整。应增大反向螺旋解决支承处的离析；在摊铺过程中，调整好摊铺机熨平板的激振强度，使各块熨平板的激振力相一致；尽量减少摊铺机收料斗的收放次数。

⑥在沥青面层摊铺温度出现较大差异的路段，在沥青混合料可压实的情况下，可对较低温度区域，采用增大压实功的措施来增大密实度，减小温度离析对沥青面层质量的影响。

为了尽可能提高沥青混凝土面层的密封性，施工时应从两方面来提高沥青面层的压实度：根据沥青混合料技术特点，选择合适的碾压工艺，选取合理的压路机技术参数；保证沥青混合料出场温度符合设计要求。同时，为减少人为因素影响，采用压实度、空隙率双控指标，建议表面层的压实度不小于 98%，中面层和（或）底面层不小于 97%。在以 98% 和 97% 作为上面层和中、下面层的压实度时，现场空隙率分别约为 6% 和 7%。在这种情况下，面层的透水性就会大大减弱。

在提供压实标准的同时，还应加强施工管理，在压实过程中精心施工，不留死角，保证压实施工质量。

第三节　沥青路面裂缝病害翻修方案设计

裂缝是路面最常见的病害之一，它一直是困扰世界各国路面设计和养护工程师的难题。路面开裂是不可避免的，如果忽略了裂缝加速和坑槽恶化的因素，则路面会进一步遭到破坏，从而降低使用性能。养护部门负责处理路面裂缝，因此充足的资金是保证其进行预防、日常性养护和翻修的保证，这样就可以延缓路面裂缝进一步恶化，延长路面的服务寿命。

目前有很多裂缝病害的翻修方法，主要有表面养护（如填缝灌缝、微表处等）和路面翻新（如路面重铺）。裂缝处理包括对有关裂缝进行清理，然后采用合适的填缝材料加以填封。路面裂缝翻修的作用可以概括为以下几个方面：①减缓裂缝扩展、减少混合料受到侵蚀和降低水对基层材料的影响，同时保护邻近路面等；②促使路面的表面功能得到翻修，使得行车的平顺性和舒适性进一步改善；③从裂缝两侧路面材料看，有利于材料间的黏结强度进一步加强，促使材料间传递力的功能以及路面局部强度和承载能力逐渐恢复；④填封修补清除松散、破损材料的裂缝，在此基础上，可以使原有沥青路面材料强度不足的问题得到有效弥补；⑤填封修补旧路面的裂缝可以有效防止上面的沥青加铺层出现问题，如形成反射裂缝。

概括来讲，裂缝病害翻修的目的主要有以下几方面：①保护路面基础设施；②减缓路面损坏速度；③促使路面表面和使用功能得到提高；④推动路面的使用寿命进一步延长。

裂缝病害翻修施工需要考虑的因素有：气候条件、公路等级、交通量、裂缝特征和密度、材料、裂缝翻修结构形式、翻修方法、设备和施工安全等。

一、裂缝病害状况调查

（一）裂缝形式

对裂缝处理以前，必须调查路面裂缝的类型、严重程度和规模，以便对路面上的各种裂缝进行专门的填封处置。

根据裂缝的成因和方向，《公路沥青路面养护技术规范》（JTG 5142—2019）将翻修的裂缝分为以下几类：在高温季节不能愈合的轻微裂缝；路面的纵向或横向的裂缝；受较差的沥青性能、较长的路面设计、使用年限等因素的影响所形成的大面积裂缝（包括网裂）等。

从养护工艺的角度，裂缝可分为微裂缝（2 mm 以下）、微小裂缝（2 ～ 6 mm）、小裂缝（6 ～ 13 mm）、中裂缝（13 ～ 25 mm）、大裂缝（25 mm 以上），其中 6 mm 以内的裂缝属于预防性养护的范围。

（二）裂缝密度

裂缝密度也称裂缝频率或裂缝线密度，用于评价给定长度的路面横向裂缝的发生程度，即指垂直裂缝走向方向上单位长度内的裂缝条数。裂缝的密度可按每 100 m 长路面计算或按裂缝间距划分，裂缝密度调查方法如表 5-1 所示。

表 5-1　裂缝密度调查方法

调查方法	裂缝密度	裂缝特征
按裂缝长度划分（裂缝长度 /100 m 路面）	低	不超过 10 m
	中	10 ～ 135 m
	高	超过 135 m
按裂缝间距划分（调查路段面积 / 裂缝长度）	低	≥ 20 m/ 条
	中	3 ～ 20 m/ 条
	高	≤ 3 m/ 条

（三）边缘损坏程度

边缘损坏程度用于评价裂缝缝边损坏情况。裂缝边缘损坏程度的调查如表 5-2 所示。

表 5-2　裂缝边缘损坏程度的调查

缝边损坏程度	所占比例
轻	0 ～ 25%
中	26% ～ 50%
重	51% ～ 100%

（四）翻修方案选择

对于较规则的线状裂缝必须采用沥青路面裂缝填缝的方式进行处理，而这类裂缝主要包括纵向裂缝、横向裂缝、块状裂缝以及反射裂缝等，相比之下，坑槽修补的方法则主要适用于对局部网裂、龟裂和滑移裂缝的处理。根据裂缝病害调查数据以及高速公路养护经验，裂缝维修方案的选择如表 5-3 所示，其对各种不同程度裂缝修补的养护措施给出了建议。

表 5-3　裂缝维修方案的选择

裂缝密度	裂缝边缘损坏程度（占裂缝长度的百分比）		
	轻	中	重
低	不处置	不处置或仅处置裂缝	裂缝翻修
中	裂缝处置	裂缝处置	裂缝翻修
高	处置面层	处置面层	大修

对路面加铺前需对裂缝进行有效处置，防止加铺层出现反射裂缝；对于大修工程的局部路段，当路面强度和承载力足够时，可仅对裂缝进行填封修补，以恢复路面的整体性和连续性，防止水分的下渗。

在裂缝处置调查过程中，如果发现裂缝处伴有其他形式的损坏，如沉陷、边缘损坏、错台等更易引发路面损坏的情况，或在荷载作用下弯沉显著增大的情况，那么这类路面维修可采取修补或铣刨措施，但如果弯沉很大或损坏很严重，为了临时服务交通，可仅对裂缝进行临时性处置。

二、裂缝病害翻修方法及工艺

在选择材料和施工工序时应充分考虑气候条件，高温气候条件下不用考虑较软的材料或者抗裂的材料，可以选择较硬的材料；而在低温气候条件下，就应该选择具有良好弹性的材料。

裂缝处理施工的时间最好选择在温度大于 0°，路面水分最少，裂缝张开至一半宽的时候。春季路面水分太多，夏季气温较高、裂缝宽度太小，冬季气温变化大、水分多、裂缝太宽，这些季节都不是裂缝翻修的最佳时机。而秋季气温适宜、雨水最少、裂缝宽度适中，是最适宜裂缝翻修的季节。

（一）裂缝翻修方法

不同翻修方法所对应的裂缝种类和程度也会有所不同，若修补方法的选择合理且恰当，则填封裂缝的寿命必将大大提高。为了获得更好的裂缝填封效果，应在确定裂缝翻修工艺时以施工的实际要求和条件为依据进行选择。

对于较规则的线状裂缝必须采用沥青路面裂缝填缝的方式进行处理，而坑槽修补的方法则主要适用于对局部网裂、龟裂和滑移裂缝的处理和施工，裂缝翻修的过程中必须遵循严格的填封工艺。

填缝和灌缝是目前养护部门较常用的两种方法，是日常性养护的基础，过去这两种方法通常被用作预防性养护。及时合理地运用填缝与灌缝，才能降低养护成本，延长路面使用寿命。

裂缝宽度和间距是决定采用填缝或灌缝的基本依据，裂缝翻修方法的选择如表 5-4 所示。

表 5-4　裂缝翻修方法的选择

裂缝特征	填缝	灌缝
宽度 /mm	5 ～ 19	5 ～ 25
缝边损坏程度（如破碎、二次开裂等）	很小或者没有（≤裂缝长度的 25%）	中等或者没有（≤裂缝长度的 50%）
年水平位移量 /mm	≥ 2.5	<2.5
裂缝类型	横向温度裂缝，纵、横向反射裂缝，纵向连接带裂缝	纵向反射裂缝，纵向连接带裂缝，纵向边缘裂缝，不规则的块状裂缝

一般裂缝宽度大于 76 mm 小于 102 mm、沿路面分布较一致且边缘损坏轻微的，可采用填缝或灌缝的方法。同时为了有效地密封裂缝切割机或钻槽机，刀片的宽度必须能接触到裂缝两侧边缘。裂缝宽度大于 102 mm 且分布较密时，就不能采用密封的方法，因为裂缝太宽，切割机和钻槽机刀片不能接触到裂缝两侧边缘，另外裂缝数量过多将导致翻修工作繁杂且效果较差。因此，对于这种裂缝可采用全深或部分深裂缝修补的方法。

根据裂缝的形式和程度，裂缝翻修的具体方法主要有填缝、灌缝、全深或部分深裂缝修补等。

1. 填缝与灌缝

填缝是一种局部处理方式，可用于各种裂缝形式的修补。填缝的主要目的是减少或防止水和硬质杂物侵入路面结构内部破坏基层，还可防止路面膨胀和收缩。水分的渗入将削弱路面的结构层强度，是路面损坏的重要原因，因此沥青路面路表的裂缝密封后能预防水分渗入路面结构层。与未密封的路面相比，裂缝密封后的道路损坏迹象将会减少。填缝一般适用于宽度大于 76 mm 小于 102 mm 的裂缝。填缝可以通过三种途径实现：清理并填缝、锯槽并填缝、开槽并填缝。

特别要注意的一点就是不能混淆灌缝与填缝，对于二者而言，处理前准备工作和所采用的裂缝翻修材料类型不同是最主要的区别。灌缝准备工作很简单，即利用压缩气体吹走缝内松散杂物。特殊情况下，灌缝前需使用热风枪清理并干燥裂缝。灌缝使用的材料较填缝材料便宜，可以使用橡胶粉、乳化沥青，也可利用微表处材料和稀浆灌缝。相反，填缝使用的是昂贵的改性聚合物材料，但其性能非常好。高性能的改性聚合物材料需要洁净干燥的裂缝表面，因此能很好地附着于裂缝缝壁。而灌缝由于准备工作简单，裂缝边缘粗糙，因此在这种情况下灌缝材料性能较差。而橡胶粉材料黏性好，对裂缝清洁度敏感度低，能很好地黏附于裂缝缝壁上。但在低温条件下，它比聚合物密封剂脆，当路面收缩时不能足够伸展。所以，灌缝材料没有填缝材料耐用，但对路面破损严重、裂缝较宽的旧路，选择灌缝更好。灌缝时可以考虑耐久性较好的材料，从而减少重复灌缝次数。

填缝主要用于具有较窄裂缝的新铺路面，灌缝则常用于有很多较宽且不规则裂缝的路面或者有严重破损的路面，这种路面的裂缝宽度大于 76 mm 小于 101 mm。灌缝不能防止水分渗入路面，但能覆盖裂缝边缘防止氧化。

2. 全深或部分深的裂缝修补

这种方法是在路面过度磨损以致不能使用填缝和灌缝时的一种处理工艺。具体步骤为先沿裂缝槽内铣刨，然后用热拌沥青混合料填缝并压实，直至目标压实度。修补后的裂缝随时都可能出现新裂缝，因此当再次出现裂缝时应及时进行处理，以免耽误了最佳处理时机而造成基层材料支撑能力降低和再次发生裂缝。

采用全深或部分深的裂缝处置可以翻修伴随有新生裂缝的路面裂缝。当需要翻修基层路面时，应使用全深式翻修。路表裂缝比较严重但面层以下部分状况较好时，可以考虑采用部分深（宽且浅）裂缝的翻修措施。

当路面状况较好时，铣刨深度为 6 ～ 13 mm；当路面性能退化比较严重时，一般采用全深式铣刨，铣刨的深度通常为 13 ～ 25 mm。在确定铣刨区域的形状时，必须确保开挖面积足够大，以保证良好的压实度，但在全深式裂缝翻修的开挖区域内却难以达到设计的压实度。

这种施工工艺需要一定数量的材料，包括用作黏结料的乳化沥青以及热拌沥青混合料，因此就需要较多的施工机具。施工机具包括铣刨机、储料罐、混合料运输车、压路机等。此外，与其他施工方法相比，施工过程还需要较多的人员，因此时间和人工成本的花费较大。但是，如果路面裂缝极为严重，那么铣刨灌缝将是唯一可行的裂缝处置方法。

这种工艺对施工季节的要求与热拌沥青混合料的要求相同，混合料在压实后方可开放交通。采用铣刨灌缝技术修补的裂缝的使用寿命主要取决于压实后的密度。若密度不足则路面会在交通荷载作用下发生推移，缩短使用寿命；若混合料设计不良，路面潮湿同样会缩短其使用寿命。但如果施工设计合理正确，则铣刨灌缝的使用寿命可以超过 5 年。另外，开挖的宽度限制了要求达到的压实度，因此需要开挖合适的面积，采用压路机碾压基层和沥青混合料层。

需要注意的是所铣刨处理的裂缝必须干燥，另外如果要在原有路面上铺筑新的沥青混合料面层，那么需要在铺筑新面层前将原有面层铣刨。

铣刨灌缝的成本取决于开挖填补的宽度和深度。在美国对于 102 mm 深、6 ～ 356 mm 宽的开挖量，其单位成本为 157.5 ～ 236.2 美元 /m^2。

（二）裂缝翻修工艺

按永久性即耐久性修补要求，裂缝翻修的主要施工工艺过程具体如下。

1. 裂缝的开槽

如果一条成熟裂缝较宽，即缝宽≥ 6 mm，那么在对它进行修补时需要先对裂缝做破损、开槽处理。裂缝凹槽通常可采用专用的开槽机或混凝土切割机沿裂缝开凿一条规则均匀的矩形槽，开槽应确保对路面的破损程度小。开槽的目的是切削掉裂缝中的松散碎屑、旧料、杂物，从而使坚实、整齐的裂缝壁面露出以保证在裂缝底部顺利地填入相应的填封材料，促使填封材料与裂缝壁面间的接触面积进一步扩大，推动其黏结性能的提高，延长填封裂缝的使用寿命。

开槽时可以采用垂直刀开槽机、转动冲击开槽机、金刚石刀片开槽机。垂直刀开槽机引起的破损小，但速度较慢，为 0.5 ～ 1.0 m/min。转动冲击开槽机造成的破损大，但速度快，可达 4.5 m/min。金刚石刀片开槽机，速度适中，一般为 1.0 ～ 2.5 m/min。金刚石刀片的直径为 152 ～ 203 mm，可以沿着裂缝边缘准确切割，金刚石刀片开槽机的效率和转动冲击开槽机一样高，用它切割裂缝，可以提供一个规则的壁面平滑的矩形沟槽，而且集料表面积更大。

通常情况下，大部分裂缝的走向都缺乏规则性，所以尽可能地在裂缝中央开槽才是最佳的选择，同时也要尽量避免走偏，此外，对周围路面材料的破坏要控制在最小范围内。

应该把裂缝宽度和破损严重程度作为开槽尺寸的主要依据，并且要确定一个恰当的开槽宽深比(槽宽/槽深)，即槽的形状系数。槽的宽深比适宜取大一些，通常取的值有 1 ∶ 1（如 19 m × 19 m 方槽）和 4 ∶ 1（如 40 m × 10 m 浅槽）。

裂缝翻修如果存在以下情况，则可以不开槽填封。

①随着气温的变化，较细的以及缝宽（＜ 6 mm）的裂缝存在着合拢的可能性，所以采取裂缝开槽的方法既不经济也不合理。

②受成本和开槽时间等因素的影响，在翻修纵向裂缝以及无或少水平位移裂缝时可以不采取开槽填封的处理方式。

2. 裂缝的清理和干燥

为保证填封裂缝的有效性和耐久性，需对裂缝（或凹槽）进行彻底清洁和干燥。无论裂缝是否进行过开槽处理，其中总会有一些水分灰尘、碎屑和杂物的存在。若裂缝壁面没有得到很好的清洁或处于潮湿的状态，则很容易造成填封材料黏附性的下降，进而导致填封裂缝失效。

裂缝的清理和干燥工作在整个施工工艺过程中非常重要。对于处于潮湿或干燥状态下不同填封材料修补裂缝的性能，美国公路战略研究计划做了相应的对比分析，具体数据如表 5-5 所示。

表 5-5　不同条件三种裂缝填封材料的性能对比

填封裂缝平均使用寿命（年）				
施工气温	＜ 40 ℉		＞ 40 ℉	
裂缝状况	潮湿	干燥	潮湿	干燥
普通热沥青	0.93	1.66	0.78	2.08
乳化沥青	1.07	2.15	1.30	2.28
聚合改性沥青	1.55	2.80	1.43	4.02

一般来讲，清缝的方法有很多，如压缩空气吹扫、高压水喷等。它们属于较为有效简单的两种方法。吹扫裂缝的压缩空气的压力一般为 0.6 MPa、风量在 4 ～ 5 m^3/min。

热空气吹扫是一种较佳的清缝方式，因为这种方式可以彻底清洁和干燥湿裂缝，推动裂缝填封效果的提高。

3. 填封

在填封修补裂缝之前，必须先按照相关的使用和填装要求把选用的填封材料准备好，不同的填封材料所对应的备料方式也会有所不同。一般而言，可以使用加热后的导热油对相应的填封材料进行间接加热，直至其达到相应的标准但注意不能过热。在准备好填封材料后就可以填封裂缝了，要尽量避免裂缝的再次污染。

①平齐式：一般在不用处理裂缝的情况下，可直接将填封材料浇进裂缝，并把多余的材料刮去，保持与路面齐平。

②开槽式：在裂缝上部锯槽，把裂缝处理材料浇入槽内，填料应填满或稍微低于路表面。一般锯槽的宽度为 12 ～ 19 mm，深度为 12 ～ 25 mm。

③贴封式：将填料注入裂缝内直到填满，然后用橡胶滚轴将超出的材料滚压成条带状。

④组合式：开槽式和贴封式的组合，将灌缝材料浇入已开槽的裂缝并溢出路表面，然后用橡胶滚轴将超出的材料碾压成条带状。一般带宽为 75 ～ 125 mm，厚 3 ～ 5 mm。

几乎所有的填缝和灌缝作业都是将填充料直接填入裂缝或槽中，然而有时会在填料填入裂缝之前，将黏合分隔材料（如聚乙烯嵌缝条）安置在工作裂缝凹槽底部，嵌缝条与凹槽三面相黏结形成整体，从而在填料填入凹槽时阻止填料流入槽底缝中，这样就提高了填缝性能。

填封料的形状（尤其是刻槽式）会影响填封性能。裂缝处理和设计常会用到一种形状参数——宽深比。一般形状参数不单由切缝作业来控制（如刻槽深度和宽度），然而形状参数也受嵌缝条埋入深度的影响。不管是直接的还是结合的嵌缝条填充，目前推荐橡胶沥青填料的形状参数为 1，而硅胶填料的形状参数为 2。一般来说，较小的形状参数（窄而深的开槽）会造成填料黏附力损失，而较大的形状参数（宽而浅的开槽）则会增大黏附性。

嵌缝条的应用需考虑以下两个因素：应用嵌缝条的成本是否低于直接填料时的成本；其性能是否比直接填料时的性能有所提高。

一般情况下，工作裂缝是比较直的，且只有较轻的边缘损坏。因此，建议在缝内直接填入，并且在使用嵌缝条的情况下费用也不会增加太多。

刻槽机和切缝机是可以控制切割深度的常用器械，而切割的宽度一般用手测量即可控制，考虑到形状因素的影响，嵌缝条一般置于距凹槽底部 25 ～ 38 mm、距路面 13 ～ 19 mm 的位置。嵌缝条的宽度一般应该比裂缝凹槽宽 25%，因为这样才能竖向固定嵌缝条，并且可以密封凹槽底部，防止填料外泄。

用橡胶改性沥青填封，必须明确是将其做成贴封式还是帽封式结构。一般帽封式结构需要根据所选用的灌缝材料决定是否对裂缝进行封顶，其翻修的效果没有前者好，因为用刮刀或滚轴对裂缝上面多余的填充料进行修整将有助于“热黏结”从而形成一个整体带，而帽封式结构在裂缝填充后，缝面上的材料可能会继续流动，导致材料性能下降，因为材料在自动整平后可能会随着温度变化而收缩。贴封式条带一般宽度为 76 ～ 127 mm，厚度为 3 ～ 5 mm，这种方式不切割裂缝，使得填封作业变得方便快捷，贴封式结构从设计上给裂缝面增加了磨耗带，从而改善了开槽式填封的性能。在填补裂缝时，要始终注意路面的清洁与维护。

三、裂缝病害翻修效益及性能评估

整个裂缝翻修过程的成本效益都受材料、人力、设备的费用的影响，不同材料和工艺的组合将产生不同的成本效益。因此，选择合理的裂缝病害翻修方法以及工艺可以获得较好的效益和翻修性能。

裂缝处理的性能评估具有很强的操作性，一般一两个小时就能完成，且准确性很高。一年应至少进行一次裂缝处理的性能评估，绘制出裂缝处理的失败比例图并制订后面的养护计划。一般在冬季进行性能评估效果最好，因为在冬季裂缝受低温影响一般都是裂开的。

一般选大约 150 m 的路段作为试验段，进行路面裂缝的最初调查，调查过程中需要目测抽样部分裂缝中的填封料是否具备防渗能力。

裂缝处理养护失败的标志包括以下内容：完全深度黏附失效，完全深度黏合失效，材料完全挤出，裂缝处理后剥落和次要裂缝进一步扩展，坑槽。

裂缝处理失败率的估计，可以用测量的失败部分长度除以总的裂缝处理长度来计算，计算公式如下。

失败率 =（失败部分长度 / 总的裂缝处理长度）× 100%

翻修效率百分率计算公式如下。

翻修效率百分率 =100% − 失败率

通过几次检查可以建立效率时间变化表。最低允许效率水平（通常是 50%），表明该裂缝在随后的计划中应该进行养护。

第六章　高速公路原材料及沥青配合比设计

沥青混合料路面是半刚性路面，具有行车舒适、易养护维修等优点，目前高速公路多采用沥青混合料路面结构，但是面对不同的气候条件，沥青混合料的技术要求也不同。本章分为沥青材料、石料与集料、沥青混合料的技术指标、沥青配合比设计方法四部分，内容主要包括：沥青组成及技术指标、沥青的基本性能、石料、集料等。

第一节　沥青材料

一、沥青组成及技术指标

（一）浇注式沥青类别

基质沥青、改性沥青、湖沥青是三类主要的浇注式沥青混合料。英国玛瑞脂主要以针入度在 60 ～ 80 mm、标号为 60#/80# 的基质沥青为主要原料，再复配比例为 50% ～ 70% 的湖沥青，这种复配比例下的材料脆性较大，不适用于我国；针入度在 20 ～ 50 mm 的直馏沥青是德国浇注式沥青混合料最早起用的主要原材料，当前浇注式沥青混合料则主要以 PmB45、PmB25 等聚合物复合改性沥青为主要原料，有效降低了湖沥青的配比，提高了材料的环保性。日本浇注式沥青混合料则使用针入度在 20 ～ 40 mm 的直馏硬质沥青与 25% ～ 30% 的天然湖沥青混合作为结合料；国内浇注式沥青混合料前期采用 70#SBS 改性沥青与 15% ～ 25% 的湖沥青混配，后期则多采用聚合物复合改性沥青。

1. 基质沥青

基质沥青的材料生产工艺主要有四种（氧化、减压蒸馏深拔、溶剂抽提、调和），不同的材料对应着不同的工艺，在工艺的选择方面，主要以材料的性质要求为依据。我国使用较多的工艺技术为氧化工艺和减压蒸馏深拔工艺。性能要求较高的材料生产工艺选择是一项极其复杂且严谨的过程，采用相同的工艺对相同的原料进行加工仅能得出一种产品。道路石油沥青以适当性质的原油经减压蒸馏而获得，也可以减压渣油经浅度氧化或丙烷脱沥青工艺后而得，还可以采用不同延度和针入度级别的沥青调和配制而获得。

2. 改性沥青

改性沥青的材料主要有三种类型：第一种是树脂材料；第二种是橡胶材料；第三种是热塑橡胶 TEP 材料。其中树脂材料包含热塑性树脂材料与热固性树脂材料两类，如聚乙烯、环氧树脂材料等。橡胶材料包含 NR、SBR、CR 和回收再利用的橡胶粉末等。热塑橡胶 TEP 材料具有较强的弹性，与不同橡胶嵌合后生成一种共聚体，是沥青改性中必备的材料之一。常见的材料类型为：SBS、SIS、SE/BS 等，这类材料通过多材料聚合反应后具有超强的热塑性能。在基质沥青中加入不同的聚合物材料，能够得出不同的改性产品。

通常情况下，加入 PE 和 EVA 类型的树脂聚合物能够有效提高沥青的耐高温性能；加入一定比例的 SBR、CR 橡胶材料能够有效增强沥青的耐低温性能；加入 SBS 类的热塑性橡胶材料对沥青的高温抗性和低温抗性均有改善作用，是沥青材料性能改良中使用得最多的聚合物材料。

3. 湖沥青

湖沥青材料对温度的感知能力超强，在各种温度环境中都具备良好的抗老化性能，常用于浇注式沥青混合料中，湖沥青材料以特立尼达的最为著名。湖沥青材料的生产流程为：首先提取湖沥青混合物，并进行粗加工，得出半成品；然后采用 160 ℃的水蒸气进行蒸发处理，待融化后将其中的杂质去除。湖沥青中含有的沥青成分比例为 55%，灰粉含量为 37%，水化物与其他挥发性物质的含量在 10% 左右。其中，灰粉的颗粒均在 60 μm 以下，呈粉尘状，且 50% 以内的微粒直径在 10 μm 以下。这些灰粉已经伴随天然沥青在湖中沉积了数千年之久，具有良好的稳定性，是确保湖沥青具有较强耐低温性能的关键成分。

湖沥青材料带有一定的芳香味，这种香味来源于材料中的芳香化合物，具有稳定的分子结构。大量的研究结果表明，湖沥青实际上是一种呈可溶性凝胶的结构，表面的张力较大，能够与石油中提取的沥青成分完美融合，使石油沥青的耐低温性能大幅提升。

基质沥青制成的浇注式沥青混合料在轻型交通道路中的使用非常广泛，加上其密度较大，具有较强的防渗水性能，使其逐渐走进了人们的日常生活中，成为建筑物防水的常用材料。高速公路、隧道、桥梁的路面荷载强度较大，在沥青浇注材料的选择上主要以天然湖沥青制成的沥青混合料为主。在天然沥青中掺入一定比例的湖沥青能够有效增强材料的抗软化性能和抗高温性能，在配置比例的选择上主要以铺面的荷载需求为依据。

我国一些科研机构为了满足国家在湖沥青应用方面的需求，开发出了浇注式沥青混合料专用的聚合物沥青材料。这种材料的分子结构较为特殊，具有较强的抗变形能力与可塑能力，能够完美取代湖沥青材料。

（二）沥青相关技术指标

德国在桥面铺装建设方面常用的胶结材料为针入度介于 35 ～ 50 mm 的 B45 材料和针入度介于 20 ～ 30 mm 的 B25 材料；同时，也可以通过对 B65 沥青材料的调配来获得 B25 沥青。德国的铺面沥青材料指标参数如表 6-1 所示。

表 6-1　B45 与 B25 浇注式沥青混合料的指标参数

技术指标	B45	B25	检测技术
针入度（25 ℃）/0.1 mm	20 ～ 60	10 ～ 40	DIN52010
软化点 /℃	55 ～ 63	63 ～ 71	DIN52011
脆点（最大）/℃	−10	−5	DIN52012
延度（25 ℃，最小）/cm	40	20	DIN52013
含蜡量（最大）/%	2	2	DIN52015
密度（最小）/（g/cm^3）	1	1	DIN52004
蒸发后质量变化率（最大）/%	0.5	0.5	DIN52016
老化后软化点增加（最大）/℃	8.0	8.0	DIN52016
老化后针入度变化（最大）/%	10	10	DIN52016
老化后延度（25 ℃，最小）/cm	8	5	DIN52010

英国在硬质沥青的生产方面主要通过天然沥青与湖沥青的掺杂来获得目标材料。其中，湖沥青的掺杂百分比为 50% ～ 70%。英国为沥青针入度设置的标准要高于德国，其得出的沥青材料具有更高的软化点。英国玛瑞脂沥青混合料指标参数如表 6-2 所示。

表 6-2　英国玛琋脂沥青混合料技术指标详情

技术指标	测试方法	普通石油沥青	硬质沥青		
			B 型	T50 型	
			S 级	S 级	H 级
针入度（25 ℃）/0.1 mm	BS2000：49	60 ～ 80	20±5	20±5	12±3
软化点 /℃	BS2000：58	44 ～ 45	65±10	65±10	65±10
受热损失（163 ℃，5 h）/%	BS2000：45	<0.8	≤ 2.0	≤ 2.0	≤ 2.0
溶解度 /%	BS2000：47	>99.0	>95	75 ～ 79	75 ～ 79
矿物质（灰分）含量 /%	BS2000：223	—	≤ 4	16.5 ～ 20	16.5 ～ 20

日本铺装专家在研究中发现，如果天然沥青中掺杂的湖沥青材料比例过大，则增加拌和难度会降低施工效率。同时，也会直接导致混合料变脆。为改善这个问题，日本科学家用湖沥青与针入度在 20 ～ 40 mm 的硬质沥青进行了混合加工，实现了对沥青混合料性能的改良。改良后的混合料技术指标参数如表 6-3 所示。

表 6-3　日本浇注式沥青混合料技术指标参数

技术指标	湖沥青	基质沥青	混合沥青	检测技术
针入度（25 ℃）/0.1 mm	1 ～ 4	20 ～ 40	15 ～ 30	JISK2207
软化点 /℃	93 ～ 98	55 ～ 65	58 ～ 68	
溶解度（三氯乙烯）/%	52.5 ～ 55.5	>99.0	86 ～ 91	
闪点 /℃	>240	>260	>240	JISK2274
密度 /（g/cm³）	1.38 ～ 1.42	>1	1.07 ～ 1.13	JISK2249
蒸发质量变化率 /%	—	<0.3	<0.5	JISK2207
延度（25 ℃）/cm	—	>50	>10	

当前我国主要以聚合物复合改性沥青和湖沥青复配改性沥青来生产浇注式沥青混合料。通过在湖沥青中配入合理比例的 SBS 改性沥青，即可得出湖沥青复配改性沥青，其中 SBS 改性沥青中含有 4% ～ 6% 的 SBS 改性剂，掺入的湖沥青百分比为 15% ～ 30%。浇注式沥青混合料用改性沥青技术要求如表 6-4 所示。

表 6-4　浇注式沥青混合料用改性沥青技术要求

试验项目		技术要求			试验方法
针入度（25 ℃，100 g，5 s）/0.1 mm		20 ～ 40	10 ～ 40	15 ～ 30	Tw0604
软化点（环球法）/℃		≥ 85	≥ 95	58 ～ 68	T0606
延度（5 cm/min）/cm	25 ℃	—	—	≧ 10	T0605
	10 ℃	—	≧ 10	—	
	5 ℃	≥ 10	—	—	
闪点 /℃		≧ 280			T0611
溶解度 /%		≥ 99	≥ 99	86 ～ 91	T0607
密度（15 ℃）/（g/cm³）		≥ 1.00			T0603
TFOT（或 RTFOT）后 163 ℃	质量变化	−1.0 ～ +1.0			T0610
	针入度比（25 ℃）/%	≦ 70			T0604

二、沥青的基本性能

（一）三大指标试验分析

基于埃索 90# 基质沥青、SBS 改性沥青、高粘改性沥青、橡胶沥青、自制特种改性沥青 RSA-1 与 RSA-2 六种，进行针入度、软化点、延度试验，试验数据如表 6-5 所示。

表 6-5　沥青试验性能指标

沥青种类	针入度（25 ℃）/0.1 mm	软化点 /℃	延度（5 ℃）/cm
埃索 90# 基质沥青	80.6	46.3	—
SBS 改性沥青	53.5	92.0	40.8
高粘改性沥青	61.0	98.0	33.2
橡胶沥青	45.6	71.0	12.0
RSA−1 沥青	57.7	103.1	39.6
RSA−2 沥青	57.2	101.9	41.7

由表 6-5 可知，以基质沥青为参照，改性沥青高低温性得以提高。由于改性添加剂的掺入，提升沥青的稠度，可促使改性沥青的针入度降低。橡胶沥青掺入的废胶粉剪切效果不佳，导致剪切后的颗粒较大，与沥青接触的面积减小，溶胀反应不充分，造成沥青改性后变硬，针入度降低幅度增大；与 SBS 改性沥青的针入度对比，RSA 沥青相当于在 SBS 改性沥青基础上添加橡胶颗粒，针入度不减反增，表明废胶粉剪切彻底，在沥青中均匀分散，再有就是 SBS 改性

沥青与废胶粉发生化学反应，需要进一步去确定；高粘改性沥青的针入度相对较大，可能与掺配改性添加剂的比例有关系，而与黏度无关。

基质沥青软化点最低，其他改性沥青改性效果明显。橡胶沥青的软化点提升相对较小，掺入的橡胶颗粒剪切不均匀，受温度影响受热不均匀，在高温环境下，容易离析，软化点较低。其他改性沥青改性效果良好，软化点大幅度提升。RSA-1、RSA-2 两种沥青中，橡胶颗粒与 SBS 改性沥青共同作用，形成相互交联稳定的结构，同时，在低温下，废胶粉粒子处于韧性较强的状态，受到的应力均匀分散。关于延度指标的分析，橡胶沥青的延度最小，为 12 cm，影响因素为橡胶颗粒的剪切不均匀，分散不均匀，溶胀不充分，导致低温受力环境下，受力不均匀，一拉就断。高粘改性沥青的延度为 33.2 cm，也没有达到理想状态，与针入度有关，稠度较低，导致改性剂没有充分发挥作用。SBS 改性沥青和 RSA 沥青的延度相差不大，都在 40 cm 左右，这是因为沥青中添加剂剪切充分，分布均匀，在融合过程中，沥青达到了稳定体系。

综上所述，通过针入度、软化点、延度试验数据对比，RSA 沥青具有优异的高低温性能。

（二）黏度试验分析

为了对自制改性沥青 RSA 的黏度进行研究，需进行动力黏度试验、布氏黏度试验、紫外分光试验，试验数据对比分析如表 6-6 所示。

表 6-6　黏度试验数据对比分析

沥青种类	动力黏度（60 ℃）/（Pa•s）	布氏黏度（175 ℃）/（Pa•s）	紫外分光剥落率 /%
基质沥青	212	0.082	0.576
SBS 改性沥青	47100	1.245	0.364
高粘改性沥青	383184	1.593	0.223
橡胶沥青	16700	3.418	0.401
RSA-1 沥青	647742	4.934	0.174
RSA-2 沥青	874712	6.779	0.168

1. 沥青黏度指标分析

由表 6-6 可知，基质沥青改性后使用性能均得以提升。橡胶颗粒与沥青发生物理共混、溶胀、溶解作用，橡胶沥青中的废胶粉含量很高，会增大沥青黏性，改性效果良好。SBS 改性沥青、高粘改性沥青和 RSA-1、RSA-2 沥青中添加剂的掺入，会增大沥青的稠度，由前文针入度分析可知，沥青的针入度不同得到的改性效果不同，但相差不大，稠度对沥青黏度有一定的影响得以验证，改性沥青各自形成稳定体系，黏度得到大幅度改善。RSA-1、RSA-2 沥青中的橡胶颗粒溶胀会增大沥青弹性，与 SBS 改性沥青共同作用，形成更强交联体系，吸附在沥青网络中，增强沥青分子之间的附着力，使得沥青黏度得到提高。

2. 紫外分光试验分析

预制可卷曲沥青路面采用可弯曲沥青混合料设计，预制混合料时，受弯拉应力的作用，混合料很容易产生裂纹，集料发生剥落，若进行工程应用，则容易导致雨水进入混合料内部，进而产生水损害病害。为了防止预制路面裂纹的产生，防止水损害的发生，需要集料与沥青之间有较好的黏附性。采用紫外分光试验进行沥青－石料之间的黏度研究，所需材料包括玄武岩、沥青、甲苯溶液等，分析时用公式（6-1）～公式（6-3）进行计算，算出剥落率，再进行试验结果分析，剥落率越小，表明沥青－石料之间的黏度越大，试验步骤如下。①试验中以甲苯溶液为对照，并事先配置沥青－甲苯溶液，利用紫外分光度扫描，得到溶液的吸收光谱；②将试验用的石料置于 120 ℃烘箱中 6 h，充分干燥，称 10 g 石料置于碘量瓶中，加入沥青－甲苯溶液 100 mL，放到恒温振荡器上一定时间；③部分震荡后的溶液稀释至一定浓度，确定吸光度；④向瓶内加入等量的水，充分置换后取出一部分稀释，并测定其吸光度。

每种沥青设计三组平行实验。

$$W_a=(A_0-A_1)\times V_0/(\varepsilon\times l) \tag{6-1}$$

$$W_b=(A_0-A_2)\times V_1/(\varepsilon\times l) \tag{6-2}$$

$$R_s=(W_a-W_b)/W_a \tag{6-3}$$

式中，W_a——起始沥青吸附量；

W_b——水置换后沥青吸附量；

R_s——剥落率；

A_0——原沥青－甲苯溶液稀释后的吸光度；

A_1——石料吸附后溶液稀释后的吸光度；

A_2——水置换后溶液稀释后的吸光度；

V_0——吸附中沥青－甲苯溶液的体积；

V_1——水置换后沥青－水饱和甲苯溶液的体积；

ε——摩尔吸光系数；

l——石英比色皿宽度。

由表 6-6 分析，基质沥青的剥落率最大为 0.576%，通过橡胶颗粒改性后，橡胶沥青的剥落率改变不大，可能是由于橡胶颗粒剪切效果差，颗粒大小不均匀，溶胀反应不充分，橡胶颗粒与石料接触面积小，致使其未发挥最大黏力。黏附性强度排序：RSA-2>RSA-1> 高粘改性沥青 >SBS 改性沥青 > 橡胶沥青 > 基质沥青，RSA 沥青的剥落率最小，说明 RSA 沥青中改性添加剂大幅度改善了沥青 - 石料之间的黏度，为预制可卷曲沥青路面混合料性能验证奠定了坚实的基础。

（三）离析试验分析

离析试验评价的是改性剂与基质沥青的相容性。相容性好的沥青在生产和运输过程中不会发生改性剂的析出或降解，改性剂属性及改性沥青的制备工艺对沥青相容性有着非常重要的影响。添加改性剂制备改性沥青，在改性沥青存放时间过长的情况下，沥青内部的一些改性剂发生了沉淀，沥青性能逐渐变差，这种现象通常被称为离析。离析试验是指沥青在流动性较好的状态下，通过 0.3 mm 筛，取 50 g 沥青倒入制定试管容器；在烘箱中（163 ± 5）℃的环境下进行试验，直到 48 h 过后，取出，再将盛样管放入冰箱冷却 4 h；将盛样管取出，并分上、中、下三部分，测试上、下两段沥青的软化点差值，评价沥青的离析性能。离析试验数据如表 6-7 所示。

表 6-7　离析试验数据

沥青种类	软化点（上段）/℃	软化点（下段）/℃	差值 /℃
SBS 改性沥青	91.8	92	0.2
高粘改性沥青	97.8	97.9	0.1
橡胶沥青	67.4	71.5	4.0
RSA-1 沥青	97.8	98.2	0.4
RSA-2 沥青	106.0	107.8	1.8

对表 6-7 进行分析，SBS 添加剂掺入基质沥青中进行剪切，数据表明剪切充分，并形成稳定体系，所以软化点差值为 0.2 ℃，不产生离析。橡胶沥青离析值最大，达到 4.0 ℃，这说明橡胶沥青的储存性很差，在工程应用中需要特殊条件。离析指标技术要求小于 2.1 ℃，除橡胶沥青以外，其他改性沥青均满足要求。高粘改性沥青的软化点差值为 0.1 ℃：一方面是因为改性添加剂掺量较少，均与沥青胶结在一起，形成稳定结构；另一方面是因为改性剂在沥青内部发生反应，无改性剂单独存在并使沥青达到稳定体系，而不产生离析。RSA-1 沥青的软化点差值为 0.4 ℃，RSA-2 沥青的软化点差值为 1.8 ℃，相差

较大，故进行缘由分析。RSA-2 沥青与 RSA-1 沥青进行橡胶颗粒掺量对比，RSA-2 沥青的橡胶颗粒掺量较大，为 22%，RSA-1 沥青掺量为 19%，一方面可能是因为当掺量为 19% 或更高的时候（不到 22%），沥青达到饱和状态，随着橡胶颗粒的掺加，导致离析值变大；另一方面可能是因为橡胶颗粒掺量在 19% 之前，沥青达到了饱和状态，随着橡胶颗粒的掺加，离析越来越明显，最终结果都小于 2.1 ℃，这说明 RSA 沥青的储存稳定性能良好。综上分析，除橡胶沥青外，均满足规范要求。

（四）薄膜加热试验分析

沥青路面若在阳光暴晒等恶劣环境下使用，随着时间的推移，沥青老化在所难免，沥青的老化关系到道路的路用性能。为了研究沥青的老化，先通过一系列方法在模拟环境中研究老化后沥青性能指标的变化。目前研究沥青性能老化的方法有旋转薄膜加热试验、薄膜加热试验、压力老化试验等。在此进行 163 ℃下的薄膜加热试验，模拟沥青实际应用时的短期老化现象，试验数据如表 6-8 所示。

表 6-8　薄膜加热试验结果

沥青种类	针入度（25 ℃）/0.1 mm		针入度比 /%	延度（5 ℃）/cm		延度比 /%	质量变化率 /%
	老化前	老化后		老化前	老化后		
SBS 改性沥青	53.4	43.9	82.2	41.0	27.1	66.0	0.235
高粘改性沥青	60.8	50.9	83.7	33.0	22.8	69.1	0.204
橡胶沥青	45.6	44.1	96.7	12.0	9.0	75.0	0.210
RSA-1 沥青	57.7	48.8	84.6	39.6	28.1	71.0	0.121
RSA-2 沥青	57.2	47.9	83.7	41.7	28.8	69.1	0.124

由表 6-8 可知，橡胶沥青中，由于橡胶分子剪切效果不好，颗粒大小不一，溶胀反应不充分，在老化过程中不能充分吸收氧气，有些小分子无法被分解，所以老化前后针入度和延度变化不大，而质量变化主要是由于沥青质的热裂解造成的。SBS 改性沥青针入度比为 82.2%，延度比为 66%，质量变化率为 0.235%，在模拟环境中，沥青吸氧老化，沥青中的轻质油分子减少，沥青稠度变大，SBS 改性沥青及其稳定体系被打破，延度变小。与 SBS 改性沥青相同，高粘改性沥青、RSA-1 沥青、RSA-2 沥青有同样的老化机理，然而自制 RSA 沥青的质量变化率较小，针入度比和延度比变化情况与其他沥青相同，这表明 RSA 沥青体系非常稳定，抗老化能力较强。

第二节　石料与集料

一、石料

（一）造岩矿物

1. 石英

石英为结晶的二氧化硅，密度约为 265 g/cm^3，莫氏硬度为 7，是最坚硬、最稳定的矿物之一。纯净的石英无色透明，称为水晶。若含有杂质，则呈各种色调。若含 Fe^{3+} 则呈紫色，称为紫水晶。含有细小分散的气态或液态物质呈乳白色的称为乳石英。玛瑙也是石英的一种。

2. 长石

长石为结晶的铝硅酸盐类，是分布最广的一类矿物，约占地壳重量的 50%，其包括正长石、斜长石；密度为 25 ～ 27 g/m^3；莫氏硬度为 6。长石强度较石英低，稳定性不及石英，易风化成高岭土；常见颜色为白浅灰、桃红、青或暗灰色。长石包括三种基本类型：钾长石、钠长石、钙长石。

3. 云母

云母为片状结晶的含水铝硅酸盐，密度为 27 ～ 3.1 g/m^3，莫氏硬度为 2 ～ 3，颜色随含铁量的增高而变暗，从无色透明至黑色，极易分裂成薄片。云母的主要种类为白云母和黑云母，后者易风化，岩石的耐久性和强度差。

4. 方解石

方解石为结晶的碳酸钙，密度为 27 ～ 30 g/m^3，莫氏硬度为 3，强度中等，易被酸分解，微溶于水，易溶于含二氧化碳的水中；颜色呈白色，因含杂质而常呈灰、黄、浅红、绿、蓝等颜色；常分裂为菱面体。

（二）岩石的分类

1. 岩浆岩

（1）侵入岩

侵入岩是指岩浆在地表不同深度处冷却结晶形成的岩石。其密度大，抗压强度高，吸水性小，抗冻性好。根据侵入深度、构造部位的不同，侵入岩可分为浅成岩和深成岩。浅成岩是岩浆侵入离地表较浅处而冷却形成的岩体（形成深度为 0.5 ～ 3 km），形成时岩浆温度下降较快，结晶较细，常有细粒结构、隐晶质结构及斑状结构等，岩体晶粒较小，如辉绿岩。深成岩是岩浆侵入在较深部位后冷却形成的岩石（形成深度大于 10 km），形成时岩浆温度下降较慢，晶体一般较粗大，形成粗粒结构至巨粒结构和块状构造，结构致密，如花岗岩、正长岩、辉长岩、闪长岩等。

（2）喷出岩

喷出岩是指岩浆喷出地表时在压力急剧降低和迅速冷却的条件下形成的岩石。因冷却速度快，大部分未结晶，多呈隐晶质或玻璃质结构。当喷出岩形成较厚岩层时，其结构致密，构造和性能接近于深成岩；当岩层形成较薄时，呈多孔构造，与火山岩相近，工程上常用的喷出岩有玄武岩和安山岩。

2. 沉积岩

（1）碎屑岩

碎屑岩是被破碎的产物经搬运、沉积和成岩作用所形成的由碎屑颗粒和黏结物质组成的岩石。黏结物质通常为碳酸钙、氧化硅、氧化铁等，强度较大。常见的碎屑岩有砂岩、火山凝灰岩、卵石等。

（2）黏土岩

黏土岩是一种主要由粒径小于 0.0039 mm 的细颗粒物质组成的并含有大量黏土矿物的沉积岩，强度较低。常见的黏土岩有高岭土岩、膨润土岩、斑脱岩等。

（3）生物沉积岩

生物沉积岩是由海水或淡水中生物残骸沉积而形成的岩石。常见的生物沉积岩有石灰岩、白垩、硅藻土、硅藻石等。

（4）化学沉积岩

化学沉积岩是由岩石风化后溶于水而形成的溶液、胶体经搬迁、沉淀而成的岩石。常见的化学沉积岩有石膏、菱镁矿和某些石灰岩等。

3. 变质岩

地壳中已经存在的岩石（可以是沉积岩、火成岩，乃至早先已形成的变质岩），因温度、压力及介质条件的变化，在没有显著熔融和溶解的固体状态下而形成的一种新的岩石，即变质岩。温度压力与化学活动性流体是控制变质作用的主要因素。

二、集料

集料包括岩石、自然风化而成的砾石（卵石）、砂以及经人工轧制的各种尺寸的碎石。集料是在混合料中起骨架和填充作用的粒料，包括碎石、砾石、石屑、砂等。不同粒径的集料在沥青混合料中所起的作用不同，因此对它们的技术要求也不同，为此将集料分为细集料和粗集料两种。在沥青混合料中，一般粒径小于 4.75 mm 者称为细集料，大于 4.75 mm 者称为粗集料。

（一）集料的物理性质

1. 集料的密度

在计算集料的密度时，不仅要考虑集料颗粒内部的孔隙（开口孔隙或闭口孔隙），还要考虑颗粒间的空隙。

（1）表观密度

集料的表观密度（又称视密度）是指在规定条件[（105 ± 5）℃烘干至恒重]下，单位表观体积（包括矿质实体和闭口孔隙的体积）的质量。

集料表观密度公式如下：

$$\rho_a = \frac{m_a}{V_a + V_n} \tag{6-4}$$

式中，ρ_a——集料的表观密度（g/cm^3）；

m_a——矿质实体的质量（g）；

V_a——矿质实体的体积（cm^3）；

V_n——闭口孔隙的体积（cm^3）。

集料表观密度按照《公路工程集料试验规程》（JTG E 42—2005）的规定，采用静水天平法测定。即将集料在规定条件［（105 ± 5）℃烘干至恒重］下烘干后称其质量，再将干燥集料装在金属吊篮中浸水 24 h，使开口孔隙吸水饱和，然后在静水天平上称出饱水集料在水中的质量，再用毛巾擦干饱水集料的表面水，再称得饱和面干质量，根据集料的烘干质量和饱水集料在水中的质量计算集料表观相对密度，公式如下：

$$\gamma_a = \frac{m_a}{m_a - m_w} \tag{6-5}$$

式中，γ_a——集料表观相对密度（g/cm^3）；

m_a——集料的烘干质量（g）；

m_w——集料饱水后在水中的质量（g）。

同样，由于在不同水温条件下水的密度不同，集料在水中称得的质量也不同，必须考虑不同水温条件下水的密度产生的影响。所以一般应先计算集料的表观相对密度，再计算相应条件下的表现密度。其计算公式为

$$\rho_a = \rho_T \times \gamma_a = (\gamma_a - \alpha_T)\rho_w \qquad (6\text{-}6)$$

式中，ρ_a——集料的表观相对密度（g/cm^3）；

α_T——温度 T 时的水温修正系数；

ρ_T——温度 T 时水的密度（g/cm^3）；

ρ_w——4 ℃时水的密度，取 1.00 g/cm^3。

（2）毛体积密度

集料的毛体积密度是指在规定的条件下，单位毛体积（包括矿质实体体积、闭口孔隙体积和开口孔隙体积）的质量。其计算公式为

$$\rho_b = \frac{m_a}{V_a + V_n + V_i} \qquad (6\text{-}7)$$

式中，ρ_b——集料毛体积密度（g/cm^3）；

V_a——集料矿质实体体积（cm^3）；

V_n——闭口孔隙体积（cm^3）；

V_i——开口孔隙体积（cm^3）；

m_a——矿质实体质量（g）。

同样应考虑不同水温条件下水的密度的影响，先计算集料的毛体积相对密度，再计算相应条件下的集料的毛体积密度。其计算公式为

$$\rho_b = \rho_T \gamma_b = (\gamma_b - \alpha_T)\rho_w \qquad (6\text{-}8)$$

式中，符号意义同前。

（3）饱和面干密度

集料的饱和面干密度是指在规定的条件下，单位毛体积（包括矿质实体体积、闭口孔隙体积和开口孔隙体积）的饱和面干质量。集料饱和面干密度可由下式求得：

$$\rho_c = \frac{m_f}{V_a + V_n + V_i} \tag{6-9}$$

式中，ρ_c——集料饱和面干密度（g/cm^3）；

V_a——集料矿质实体体积（cm^3）；

V_n——闭口孔隙体积（cm^3）；

V_i——开口孔隙体积（cm^3）；

m_f——集料的饱和面干质量（g）。

集料饱和面干密度测定原理与集料表观密度测定原理相同，但按下式计算饱和面干相对密度：

$$\gamma_c = \frac{m_f}{m_f - m_w} \tag{6-10}$$

式中，ρ_c——集料饱和面干相对密度（g/cm^3）；

m_f——集料的饱和面干质量（g）；

m_w——集料饱水后在水中的质量（g）。

（4）堆积密度

集料的堆积密度是指集料装填于容器中包括集料空隙（颗粒之间的）和孔隙（颗粒内部的）在内的单位体积的质量，可按下式求得：

$$\rho_l = \frac{m_a}{V_a + V_n + V_i + V_v} \tag{6-11}$$

式中，ρ_l——集料的堆积密度（g/cm^3）；

V_a——集料矿质实体体积（cm^3）；

V_n——闭口孔隙体积（cm^3）；

V_i——开口孔隙体积（cm^3）；

V_v——空隙的体积（cm^3）；

m_a——矿质实体的质量（g）。

集料的堆积密度根据颗粒排列的松紧程度不同，又可分为自然堆积密度、振实堆积密度和捣实堆积密度。集料的自然堆积密度是用平头铁锹将干燥的粗集料装入规定容积的容量筒的单位体积的质量；振实堆积密度是将装满试样的容量筒在振动台上振动 3 min 后单位体积的质量；捣实堆积密度是将试样分 3 次装入容量筒，每层用振捣棒均匀捣实 25 次的单位体积的质量。

堆积密度测定原理参考《公路工程集料试验规程》（JTG E 42—2005）中的规定，将干燥的材料用平头铁锹离筒口 50 cm 左右装入体积为 V 的容量筒内，振动台上振动或振捣棒均匀捣实，并称得其质量为 m_2，倒出材料再称得容量筒的质量为 m_1。按式（6-12）计算集料的堆积密度（包括自然堆积密度、振实堆积密度和捣实堆积密度）。

$$\rho_1 = \frac{m_2 - m_1}{V} \tag{6-12}$$

式中，ρ_1——集料的堆积密度（g/cm^3）；

m_1——容量筒的质量（g）；

m_2——容量筒和试样的总质量（g）；

V——容量筒的体积（cm^3）。

2. 集料的坚固性

坚固性试验是确定碎石或砾石经饱和硫酸钠溶液多次浸泡与烘干循环后，承受硫酸钠结晶膨胀而不发生显著破坏或强度降低的性能的试验，也称测定石料安定性的方法。

集料坚固性测定原理参考《公路工程集料试验规程》（JTG E 42—2005）的规定，选取规定数量的集料，分别装在金属网篮中浸入饱和硫酸钠溶液中进行干湿循环试验。经一定的循环次数后，观察其表面破坏情况，并用质量损失百分率来判断其坚固性。

（二）集料的力学性质

道路路面建筑用粗集料的力学性质主要是压碎值和磨耗值；抗滑表层用集料的力学性质为磨光值、道瑞磨耗值和冲击值。现将集料压碎值、磨光值和冲击值分述如下。

1. 集料压碎值

集料压碎值是指集料在逐渐增加的荷载作用下抵抗压碎的能力。它作为相对衡量石料强度的一个指标，用以评价公路沥青路面面层和基层用集料的质量。按现行《公路工程集料试验规程》（JTG E 42—2005）的规定，测定压碎值的方法是将 9.5 ～ 13.2 mm 的集料试样，先用一个标准容积的量筒，分 3 层装料并用标准的方法夯实，确定试验所需集料的量。然后按此确定的集料试样，用标准夯实法分 3 层装入压碎值测定仪的钢质圆筒内，每层用夯棒夯 25 次，最后在碎石上再加一压头。将试模移于压力机上，于 10 min 内加荷至 400 kN，使压头匀速压入筒内，部分集料即被压为碎屑，测定通过 2.36 mm 筛孔的碎屑质量占原集料总质量的百分率，即为压碎值，可按下式求得：

$$C_m = \frac{m_1}{m_0} \times 100\% \tag{6-13}$$

式中，m_0——试验前试样质量（g）；

m_1——试验后通过 2.36 mm 筛孔的细料质量（g）。

2. 集料磨光值

现代高速交通的行车条件对路面的抗滑性提出了更高的要求。作为路面用的集料，在车辆轮胎的作用下，不仅要求其具有较高的抗磨耗性，而且要求其具有较高的抗磨光性。集料的抗磨光性，按我国现行《公路工程集料试验规程》（JTG E 42—2005）标准，采用石料磨光值来表示，即利用加速磨光机磨光集料，用摆式摩擦系数测定仪测定的集料磨光后的摩擦系数值。

集料磨光值的试验方法是选取 9.5 ～ 13.2 mm 的集料试样，将其密排于试模中，先用砂填密集料间空隙，然后用环氧树脂砂浆固结，经养护 24 h 后，即制成试件，每种集料要制备 4 块试件。将制备好的试件安装于加速磨光机的道路轮上，当电机开动时，模拟汽车轮胎的转速旋转，道路轮在轮胎带动下随之旋转，在两轮之间加入水和金刚砂，使试件受到磨料金刚砂的磨耗。先用 30 号金刚砂磨 3 h，然后用 280 号金刚砂磨 3 h，共经磨耗 6 h 后取下试件，冲洗去掉金刚砂，用摆式摩擦系数测定仪测定试件的摩擦系数值，再乘以折算系数，按标准试件磨光平均值换算后，即可得到石料磨光值。

得到的石料磨光值越大，表示其抗滑性越好。抗滑表层应选用磨光值大的集料，如玄武岩、安山岩、砂岩和花岗岩等。

3. 集料冲击值

集料抵抗多次连续重复冲击荷载作用的性能，称为抗冲韧性。按照现行《公路工程集料试验规程》（JTG E 42—2005）规定，集料抗冲击能力采用集料冲击值表示。

集料冲击值的试验方法是选取粒径为 9.5 ～ 13.2 mm 的集料试样，用金属量筒分 3 次捣实确定试验用集料数量。将集料装于冲击值试验仪的盛样器中，用捣实杆捣实 25 次，使其初步压实。然后用质量为 13.62 kg 的冲击锤，沿捣杆自（380 ± 5）mm 处自由落下锤击集料，并连续锤击 15 次，每次锤击间隔时间不少于 1 s。

将试验后的集料在 2.5 mm 筛孔的上筛分并称量。集料冲击值按下式计算：

$$AIV=\frac{m_1}{m_0}\times 100\% \tag{6-14}$$

式中，AIV——集料的冲击值（%）；

m_0——原试样质量（g）；

m_1——试验后通过 2.5 mm 筛孔的试样质量（g）。

第三节　沥青混合料的技术指标

一、物理指标

（一）油石比

油石比是沥青混合料中沥青质量与矿料质量的比例，以百分数计。沥青含量是沥青混合料中沥青质量与沥青混合料总质量的比例，以百分数计。

（二）吸水率

吸水率是试件吸水体积占沥青混合料毛体积的百分率。其计算公式为

$$S_{\mathrm{a}}=\frac{m_f-m_a}{m_f-m_w}\times 100\% \tag{6-15}$$

式中，m_a——干燥试件在空气中的质量（g）；

m_w——试件在水中的质量（g）；

m_f——试件的表干质量（g）。

（三）表观密度与毛体积密度

表观密度是压实沥青混合料在常温干燥条件下单位体积的质量（含沥青混合料实体体积与不吸收水分的内部闭口孔隙体积之和）。表观相对密度是表观密度与同温度水的密度的比值。毛体积密度是压实沥青混合料在常温干燥条件下单位体积（含沥青混合料实体体积，不吸收水分的内部闭口孔隙、能吸收水分的开口孔隙等颗粒表面轮廓线所包含的全部毛体积）的质量，毛体积相对密度是毛体积密度与同温度水的密度的比值。当试件的吸水率小于 2% 时，用水

中重法测定其表观密度；当试件的吸水率大于2%时，用蜡封法测定其表观密度。

$$\gamma_s=\frac{m_a}{m_a-m_w};\ \rho_s=\frac{m_a}{m_a-m_w}\cdot\rho_w \tag{6-16}$$

$$\gamma_f=\frac{m_a}{m_f-m_w};\ \rho_f=\frac{m_a}{m_f-m_w}\cdot\rho_w \tag{6-17}$$

式中，γ_s——表观相对密度（g/cm^3）；

ρ_s——表观密度（g/cm^3）；

γ_f——毛体积相对密度（g/cm^3）；

ρ_f——毛体积密度（g/cm^3）；

m_a——干燥试件在空气中的质量（g）；

m_w——试件在水中的质量（g）；

ρ_w——常温水的表观密度（g/cm^3）

m_f——试件的表干质量（g）。

（四）理论最大相对密度

理论最大相对密度是压实沥青混合料试件全部为矿料（包括矿料自身内部的孔隙）及沥青所占有时（空隙率为零）的最大密度。其可以采用真空法和溶剂法测定，计算式如下：

$$\gamma_t=\frac{100+P_a}{\frac{P_1}{\gamma_1}+\frac{P_2}{\gamma_2}+\ldots+\frac{P_n}{\gamma_n}+\frac{P_a}{\gamma_a}} \tag{6-18}$$

式中，γ_t——理论最大相对密度（g/cm^3）；

P_1，P_2，…，P_n——各种矿料配合比，$\sum_{i=1}^{n}P_i=100\%$；

γ_1，γ_2…，γ_n——各种矿料的相对密度（g/cm^3）。

P_a——油石比（%）；

γ_a——沥青的相对密度（g/cm^3）。

对于粗集料，宜采用与沥青混合料同一相对密度，即混合料采用表干法、蜡封法或体积法测定的毛体积相对密度时，粗集料也采用对应的毛体积相对密度。混合料采用水中重法测定的表观相对密度时，粗集料也采用表观相对密度。细集料（砂、石屑）和矿粉均采用表观相对密度。

根据目前经验，采用真空法测定混合料的理论最大相对密度比较合理和方便。

（五）试件空隙率

试件空隙率是压实沥青混合料内矿料及沥青以外的空隙（不包括自身内部的孔隙）的体积占试件总体积的百分率。

（六）沥青体积百分率

沥青体积百分率是压实沥青混合料内沥青部分的体积占试件总体积的百分率。

（七）矿料间隙率

矿料间隙率是压实沥青混合料试件内矿料部分以外体积（沥青及空隙体积）占试件总体积的百分率，即试件空隙率与沥青体积百分率之和。

（八）沥青饱和度

沥青饱和度是压实沥青混合料试件内沥青部分的体积占矿料骨架以外的空隙部分体积的百分率。

二、力学指标与技术标准

（一）马歇尔稳定度试验

马歇尔稳定度试验采用马歇尔试验仪进行，试验前先将马歇尔试件放入（60 ± 1）℃的恒温水槽中恒温 30 ～ 40 min（大型马歇尔试件需 45 ～ 60 min），取出后放入试验夹具施加荷载，加载速度为（50 ± 5）mm/min，并用 X-Y 记录仪自动记录传感器压力和试件变形曲线，或采用计算机自动采集数据。

（二）沥青混合料的技术标准

该标准按交通性质分两类：①高速公路、一级公路、城市快速路、主干道标准；②一般公路和城市道路标准。马歇尔稳定度试验指标包括击实次数、稳定度、流值、空隙率、沥青饱和度、残留稳定度。

对用于沥青路面的上面层和中、下面层的沥青混凝土进行配合比设计时，应通过车辙试验机对抗车辙能力进行检验。在温度 60 ℃、轮压 0.7 MPa 条件下进行的车辙试验动稳定度测验，对高速公路普通沥青混凝土表面层、中面层应不小于 800 次 /mm，对一级公路的表面层、中面层的普通沥青混凝土应不小于 600 次 /mm。

第四节　沥青配合比设计方法

一、再生沥青混合料配合比设计

（一）再生沥青混合料配合比设计方法

目前国产拌热再生配合比设计方法仍然使用的是传统的马歇尔试验设计法，与普通热拌沥青混合料一样，也需要完成目标配合比设计，这个阶段的主要任务是完成矿料配合比设计和最佳沥青用量的确定。矿料配合比测定就是确定再生混合料中不同粒径矿料间满足设计规范的用量比例关系，通常是根据道路等级、路面结构、所处地质条件和结构层位确定沥青混合料类型和材料种类，然后根据现场取样对粗、细旧料进行筛分试验绘制各矿料组成级配的筛分曲线图，最后根据筛分试验和规范推荐的矿料级配范围来调整矿料配合比。最佳沥青用量通常是采用各种理论和公式计算得来的。首先将估算的沥青用量分别制作成 5 组混合料试件，再对它们进行马歇尔试验测定毛体积密度、理论最大密度等物理指标以及稳定度、流值等力学指标，最后将试验结果与马歇尔试验规范要求进行对比，调整或采取其他措施重做试验来确定混合料的最佳沥青用量和比较理想的目标级配。

在沥青混合料再生工艺中，旧料性能对厂拌热再生施工质量影响较大，而这种变异性影响对施工工艺来说是不可避免的，它将导致再生沥青混合料设计时出现偏差和波动性，不利于 RAP 材料对沥青混合料性能稳定性的再生研究以及进行再生混合料性能的正确评价。

因此，无论是沥青性能还是旧料级配，在实际再生过程中必须从最初始的源头采取相应措施来控制变异性影响，这样才能够提高旧料性能的稳定性，降低旧料性能变异对再生质量的影响。

（二）再生沥青混合料中矿料级配的确定

由于研究的是确定热再生沥青混合料配合比设计中的矿料配比，为了减少其他因素在旧料回收过程中对集料级配产生的影响，首先应排除矿料本身材料、级配以及性能差异所造成的影响，然后需确保 RAP 材料中回收旧沥青变异系数保持较低水平，最后进行性能试验的集料应当来自同一源地、同一层位和相同材料的旧料，以避免再生沥青混合料各项性能对比分析时产生不稳定现象。

矿料配合比设计就是对各粒径集料在再生混合料中的比例进行确定。目前确定矿料配合比的方法有图解法、正规方程法、试算法等。由于实际应用的需要，采用试算法来确定在不同层位下各旧料掺配率的矿料配合比，其主要工作就是根据各个层位目标矿料级配范围、集料级配和旧料的掺配率确定混合料中某一粒径颗粒的级配比例，然后逐步调整各个筛孔的矿料掺配比例，计算出各种粒径的矿料合成级配，直到符合再生技术规范级配中要求的矿料合成级配。由于试验中选用的三种 RAP 掺量（20%、30%、40%）的矿料合成级配确定方法相同，所以选择 40%RAP 掺量为例进行合成级配计算，上、下两个面层的 40%RAP 配合比计算结果如表 6-9 ～表 6-10 所示。

表 6-9　上面层 40% 掺配率下矿物级配配合比计算结果

筛孔孔径 /mm	0#	1#	2#	3#	4#	5#	6#	7#	矿粉	RAP	合成级配
19	5.0	5.0	9.0	7.0	4.0	27.0	0.0	0.0	3.0	40.0	100.0
16	5.0	5.0	9.0	7.0	4.0	27.0	0.0	0.0	3.0	40.0	100.0
13.2	5.0	5.0	9.0	7.0	4.0	27.0	0.0	0.0	3.0	40.0	100.0
9.5	5.0	5.0	9.0	7.0	4.0	25.2	0.0	0.0	3.0	38.3	96.5
4.75	5.0	5.0	9.0	7.0	4.0	0.1	0.0	0.0	3.0	28.0	61.1
2.36	5.0	5.0	9.0	6.4	0.0	0.0	0.0	0.0	3.0	16.8	45.2
1.18	5.0	5.0	7.3	0.1	0.0	0.0	0.0	0.0	3.0	11.4	31.8
0.6	5.0	4.4	0.2	0.0	0.0	0.0	0.0	0.0	3.0	9.0	21.7
0.3	4.6	0.1	0.1	0.0	0.0	0.0	0.0	0.0	3.0	6.8	14.6
0.15	1.6	0.0	0.0	0.0	0.0	0.0	0.0	0.0	3.0	4.9	9.5
0.075	0.4	0.0	0.0	0.0	0.0	0.0	0.0	0.0	3.0	2.6	6.0

表 6-10　下面层 40% 掺配率下矿物级配配合比计算结果

筛孔孔径 /mm	0#	1#	2#	3#	4#	5#	6#	7#	矿粉	RAP	合成级配
19	6.0	5.0	4.0	9.0	9.0	6.0	8.0	10.0	3.0	40.0	100.0
16	6.0	5.0	4.0	9.0	9.0	6.0	8.0	7.3	3.0	40.0	97.3
13.2	6.0	5.0	4.0	9.0	9.0	6.0	7.2	0.2	3.0	40.0	89.4
9.5	6.0	5.0	4.0	9.0	9.0	5.6	0.3	0.0	3.0	38.3	80.2
4.75	6.0	5.0	4.0	9.0	8.9	0.0	0.0	0.0	3.0	28.0	63.9
2.36	6.0	5.0	4.0	8.3	0.1	0.0	0.0	0.0	3.0	16.8	43.2
1.18	6.0	5.0	3.2	0.1	0.0	0.0	0.0	0.0	3.0	11.4	28.7
0.6	6.0	4.4	0.1	0.0	0.0	0.0	0.0	0.0	3.0	9.0	22.5
0.3	5.5	0.1	0.1	0.0	0.0	0.0	0.0	0.0	3.0	6.8	15.5
0.15	1.9	0.0	0.0	0.0	0.0	0.0	0.0	0.0	3.0	4.9	9.8
0.075	0.5	0.0	0.0	0.0	0.0	0.0	0.0	0.0	3.0	2.6	6.1

（三）旧沥青参与方式的选择

我国《公路沥青路面再生技术规范》（JTG/T 5521—2019）推荐的热再生混合料的 RAP 掺量为 15% ～ 30%，工程实践中 RAP 掺量一般采用 15% ～ 20% 的低掺配率，由于本书不仅要考虑低 RAP 掺量下再生混合料的混溶状态变化，还要兼顾高掺配率对再生混合料混溶程度的影响，因此，选用当前我国生产工艺最高掺量（30%）为中间值，选择 20%、30%、40% 三种 RAP 掺量进行沥青混合料的再生研究。

当前国内外已有学者开展了拌和温度、拌和时间、新旧料的预热温度等拌和工艺对新旧沥青混溶程度以及旧沥青转移程度的影响的研究。熊剑平等采用正交试验设计方法对比分析了拌和工艺等参数对旧沥青再生率的影响程度，结果表明拌和时间对旧沥青再生率的影响最大，RAP 预热温度次之，搅拌温度最小，协调控制几个搅拌因素可最大限度地提高旧沥青的再生率。任永凯等选择掺配率为 50% 的 RAP 掺入 AC-10 沥青混合料中研究拌和工艺对旧沥青迁移率的影响，结果表明拌和工艺对旧沥青的迁移率影响不大，均为 85% 左右，故不符合现行规范中旧沥青完全迁移的混溶假设。国外有学者通过 DSR 对双层沥青结合料试样进行试验来评估新旧沥青之间的转移扩散速率，结果表明拌和温度与混溶程度的增加速率相关，而结合料的组成和旧沥青的黏度对新旧沥青的混溶状态影响较小。同时有学者在已确定再生剂类型、用量以及 RAP 类型基础上，就预热温度、预热时间和拌和温度三因素运用正交试验设计方法研究了拌和工艺对再生沥青混合料中新旧沥青混溶状态的影响，并且对三种影响因素进行了主次顺序排序，主次顺序为预热温度＞预热时间＞拌和温度，影响因素最佳组合为预热温度 110 ℃、预热时间 4 h、拌和温度 180 ℃。

因此，选择最优拌和试验方案：RAP 材料预热温度 110 ℃、预热时间 4 h、拌和时间 90 s、拌和温度 180 ℃。其他拌和因素均采用公路工程沥青及沥青混合料试验规程规范要求：新沥青加热 160℃、新集料加热 180 ℃。通过不同旧沥青的参与方式来表达混合料的混溶状态，两种旧沥青参与混溶的组成方式如表 6-11 所示。

表 6-11　两种旧沥青参与混溶的组成方式

<table>
<tr><td rowspan="2">组成方式</td><td>模型 1（部分混溶状态）</td><td>模型 2（完全混溶状态）</td></tr>
<tr><td>主要由裹覆沥青的集料、新集料、新沥青（再生剂）构成</td><td>主要由抽提沥青、新集料、新沥青（再生剂）构成</td></tr>
<tr><td>其他拌和因素</td><td colspan="2">RAP 材料预热温度 110 ℃、预热时间 4 h、拌和温度 180 ℃、拌和时间 90 s、新沥青加热 160 ℃、新集料加热 180 ℃</td></tr>
<tr><td>矿料级配</td><td colspan="2">相同</td></tr>
<tr><td>沥青含量</td><td colspan="2">相同</td></tr>
<tr><td>再生剂用量</td><td colspan="2">相同</td></tr>
</table>

在此研究混溶状态对再生沥青混合料性能的影响，需要获取部分混溶和完全混溶两种形态的再生混合料。采用离心抽提法、阿布森法以及减压过滤试验获取杂质较少的完全抽提旧沥青，将抽提的旧沥青与新沥青（再生剂）和新集料拌和得到完全混溶的再生沥青混合料，而部分混溶的再生混合料的旧沥青是通过人工将已加热软化的 RAP 揉碎分离得到的，且裹覆在旧集料表面上。

对比两种混溶状态的再生混合料的物理指标和力学参数，通过试验结果数据计算出该 RAP 掺量下的最佳沥青用量和路用性能测试值，并判断该再生混合料的混溶程度。

二、复合改性沥青混合料配合比设计

复合改性沥青混合料配合比设计是利用高模量外掺剂、SBR 改性沥青以及石料共同制备沥青混合料。高模量外掺剂的加入改变了沥青混合料原有的石－石接触结构，即使石－石接触结构中间被高模量外掺剂与 SBR 改性沥青的结合物填充，使沥青混合料具有更加稳定的内部结构。而且高模量外掺剂与 SBR 改性沥青的结合物在密度、吸油量、力学性能等性质方面与石料存在很大差异。高模量外掺剂与 SBR 改性剂复合改性会引起沥青混合料的性质变化。对沥青混合料的配合比进行设计研究是必不可少的，以此来保证沥青混合料的路用性能达到设计要求。

（一）配合比设计

目前参照我国设计规范可将沥青混合料按级配组成方式及空隙率大小进行分类，可分为以下三种类型。第一种是以悬浮－密实结构为主的密级配沥青混合料。不同粒径颗粒的矿料按密实级配原则进行设计，进行拌和组合后，得到目标空隙率在 3% ～ 6% 范围内的密实式沥青混凝土混合料（用字母“AC”来表示）和密实式沥青稳定碎石混合料（用字母“ATB”来表示）。第二种是以骨架-空隙结构为主的半开级配沥青混合料。即将粗集料、细集料及少量填料按一定的比例与沥青结合料拌和后，剩余空隙率指标在 6% ～ 12% 之间的半开级配沥青碎石混合料（用字母“AM”来表示）。第三种是以骨架-密实结构为主的开级配沥青混合料。该种级配是主要由粗集料的相互嵌挤而组成，细集料及填料在混合料中所占比重非常小，设计空隙率在 18% 之上的沥青混合料。

（二）油石比确定

沥青混合料的最佳沥青用量近似值可以通过理论计算的方法估算。估算出来的结果需要通过试验方法加以验证及修改，这是因为不同种类的材料其性质存在差异，理论公式计算得到的最佳沥青用量不够准确。因此用计算法只能得到供试验参考的大概取值范围而并不能直观地得到一个准确的结果。相比较而言，试验法测定的结果更加准确，国际上常用的方法以马歇尔法、F.N. 维姆煤油当量法和三轴试验法为主。在此选用马歇尔试验法确定最佳油石比，具体步骤如下。

1. 制备试样

①按确定的配合比设计计算结果，确定不同种类集料的用量。②在相同连续级配条件下，随着矿料粒径的增大，沥青需求量随之降低，这是由于细集料与矿粉这些粒径较小的成分在混合料中的占比降低，混合料比表面积减少。根据相关试验经验对 AC-20 密级配下的沥青混合料油石比进行估算，初估油石比为 4.5%，4% 为目标空隙率，以 0.3% 为间隔设计了五组油石比，如表 6-12 所示。

表 6-12　试验油石比

编号	1	2	3	4	5
油石比/%	3.9	4.2	4.5	4.8	5.1

2. 物理指标测定

对下列沥青混合料的基本物理指标进行试验测量及分析计算。

（1）表观密度

试验采用密级配沥青混合料，因此选用水中重法测定试件表观密度，按式（6-19）计算。

$$\rho_s = \frac{m_a}{m_a - m_w}\rho_w \tag{6-19}$$

式中，ρ_s——试件表观密度（g/cm^3）；

m_a——干燥试件质量（g）；

m_w——试件在水中的质量（g）；

ρ_w——常温水的密度（g/cm^3）。

（2）理论密度

按油石比（沥青与矿料的质量比）计算理论密度如下：

$$\rho_t=\frac{100+P_n}{\frac{P_1}{\gamma_1}+\frac{P_2}{\gamma_2}+\ldots+\frac{P_n}{\gamma_n}+\frac{P_a}{\gamma_a}} \tag{6-20}$$

式中，ρ_t——理论密度（g/cm^3）；

P_1，P_2，…，P_n——各档集料的配合百分比（各档集料比例的总和为 1）；

γ_1，γ_2…，γ_n——各档集料的相对密度（g/cm^3）；

P_a——油石比（%）；

γ_a——沥青的相对密度（g/cm^3）；

（3）空隙率

压实沥青混合料试件空隙率根据其表观密度和理论密度按式（6-21）计算。

$$V_V=\left(1-\frac{\rho_s}{\rho_t}\right)\times100\% \tag{6-21}$$

式中，V_V——试件空隙率（%）；

ρ_s——试件表观密度（g/cm^3）；

ρ_t—试件理论密度（g/cm^3）。

（4）沥青体积百分率

压实沥青混合料试件中沥青体积与试件总体积的比值称为沥青体积百分率，其按式（6-22）计算。

$$V_A=\frac{P_a\rho_s}{(100+P_a)\gamma_a\rho_w} \tag{6-22}$$

式中，V_A——试件的沥青体积百分率（%）；

ρ_s——试件表观密度（g/cm^3）；

P_a——油石比（%）；

ρ_w——常温水的密度（g/cm^3）；

γ_a——沥青的相对密度（g/cm^3）。

（5）矿料间隙率

压实沥青混合料中除去集料体积剩余部分的体积占总体积的百分比，称为矿料间隙率，也即试件空隙率与沥青体积百分率之和，按式（6-23）计算。

$$V_{MA}=V_V+V_A \tag{6-23}$$

式中，V_{MA}——矿料间隙率（%）；

V_V——试件空隙率（%）；

V_A——沥青体积百分率。

（6）沥青饱和度

压实沥青混合料中沥青部分体积占矿料骨架以外空隙部分体积的百分率，称为沥青饱和度，按式（6-24）或式（6-25）计算。

$$V_{FA}=\frac{V_A}{V_V+V_A}\times 100\% \tag{6-24}$$

$$V_{FA}=\frac{V_A}{V_{MA}}\times 100\% \tag{6-25}$$

式中，V_{FA}——沥青饱和度（%）；

其他同上。

3. 力学指标测定

对下列沥青混合料的物理力学指标进行测定及分析计算。

（1）马歇尔稳定度

先将利用马歇尔击实仪成型的标准马歇尔试件在 60 ℃恒温水浴环境下水浴 30 min，再将试件表面擦干，然后利用马歇尔试验仪对试件进行试验，最大破坏荷载即为马歇尔稳定度。

（2）流值

马歇尔稳定度试验过程中试件会发生流动变形，在最大破坏荷载时的流动变形，即为流值。

（3）马歇尔模数

通常用马歇尔稳定度与流值的比值表示沥青混合料劲度，称其为马歇尔模数。

对严格依照规范要求成型的标准马歇尔试件进行相关试验检测，确定马歇尔试件的各项基本物理指标，结果均满足要求，试验结果如表 6-13 所示。

表 6-13　油石比试验结果

油石比 /%	3.9	4.2	4.5	4.8	5.1
毛体积相对密度 /（g/cm^3）	2.375	2.389	2.403	2.402	2.399
最大理论密度 /（g/cm^3）	2.516	2.505	2.494	2.484	2.474
空隙率 /%	5.6	4.6	3.7	3.3	3.0
矿料间隙率 /%	13.6	13.3	13.0	13.3	13.7
沥青饱和度 /%	58.6	65.2	72.0	75.1	77.7
稳定度 /kN	7.67	8.83	8.98	8.67	8.25
流值 /mm	2.4	2.6	2.9	3.2	3.0

第七章　高速公路沥青路面预防性养护技术

高速公路建设已经进入养护为主的时期，对于沥青路面的预防性养护技术要求越来越高，所以要采用新技术、新材料和新工艺提高高速公路的适用品质，延长高速公路的使用寿命。本章分为裂缝填封类预防性养护技术、表面涂刷类预防性养护技术、封层类预防性养护技术、罩面类预防性养护技术四个部分，内容主要包括：高速公路沥青路面预防性养护的四类技术概述，各种养护技术的分类等。

第一节　裂缝填封类预防性养护技术

一、裂缝填封类路面养护概述

高速公路沥青路面的裂缝是一种常见现象，于是裂缝填封就成为常用的养护技术，按照裂缝的缝宽不同需采取不同的养护工艺，裂缝宽度≤ 6 mm 的养护就属于预防性养护。通过使用科学合理的裂缝填封技术，可以有效防止水分渗透导致的路面裂缝对高速公路造成的损坏，避免更加严重的坑槽病害等，减缓高速公路沥青路面的使用功能退化，从而延长高速公路的使用寿命，这种预防性养护技术也是最经济实惠的高速公路养护技术之一。

在道路上使用高黏性、高弹性的裂缝密封胶填充裂缝，可达到养护的效果，这主要借助两种方式实现——灌缝、封缝。这两种方式在使用的时候有一定的局限性，即需要在横断面良好，或是原路面基层不错的状态下，在路面发生病害的初期，通常是纵、横向原始裂缝未出现，结构性裂缝未产生的情况下，进行一定的修补，进而实现轻微病害的防治。在公路上，若是有 6 ～ 12.7 mm 的小裂缝出现，则需要拉大裂缝之后，通过灌注密封胶的形式，补足裂缝中的缝隙。公路养护的范畴是 6 mm 以内的裂缝，而温差较大情况下产生的大裂缝，需要在温度气候适宜的季节开展填缝工作，一般是在干燥、低气温的季节条件下。

现有的裂缝填封材料主要有热灌式普通橡胶沥青和改型热沥青（施工条件要求低、价格低廉）、有机硅树脂（施工条件要求高、价格昂贵）以及冷灌式填封材料（无须加热、施工条件要求少）等。

由于裂缝密封材料和橡胶沥青的不断改进、科学技术的不断进步，出现了高黏度、高弹性、高承受弹塑性的裂缝密封胶，它的使用促进了微小裂缝处理技术的新发展。许多国家的高速公路沥青路面利用微小裂缝贴封式处理的预防性养护技术，有效防止了雨雪的渗入，避免了由于水分侵入而使得路面沥青发生冻胀或剥落的病害，也有效避免了更为严重的高速公路沥青路面的损坏。

二、普通或改性热沥青灌缝

采用普通沥青或者 SBS 改性热沥青等灌缝的工艺流程如图 7-1 所示。

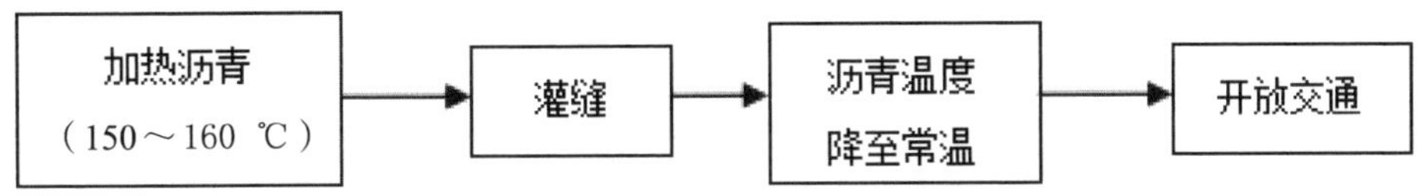

图 7-1　沥青灌缝工艺流程

采用普通或改性热沥青灌缝的沥青路面预防性养护技术，其优点是：①只需要投入较少的设备和人员；②操作方法简单；③用于修补路面的成本低；④开放交通的速度较快。这种技术也存在一些缺点，如由于是在路面的表层做的灌缝养护，难以保证沥青渗入路面内部等。

三、溶剂型常温改性沥青灌缝

这种技术是在普通沥青中加入改性剂进行的灌缝养护，常温下施工不需要加热，具有很好的低温稳定性和渗透性，此种技术的工艺流程如图 7-2 所示。

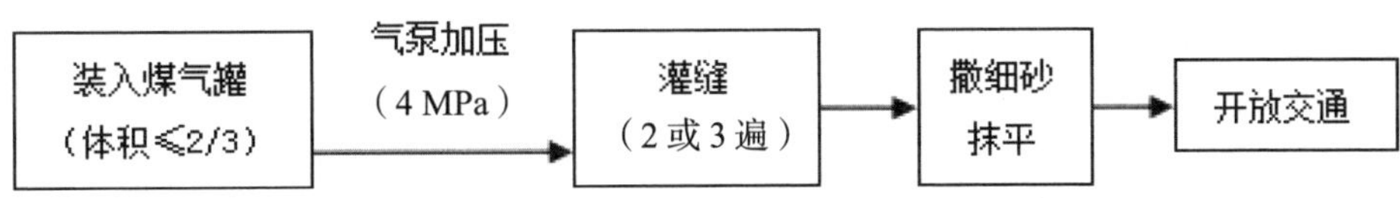

图 7-2　溶剂型常温改性沥青灌缝工艺流程

这种养护技术对施工的设备要求低，其流程也比较简单，只需在煤气罐中加压，利用煤气罐进行 2 或 3 遍的灌缝就可以开放交通，灌缝的效果也比较好，使用这种养护技术的高速公路使用寿命一般维持在 3 ～ 5 年。但是这种技术的缺点是加入的改性剂材料价格高，因此养护成本高。

四、灌缝胶处理

灌缝胶也是我们常说的密封胶，其是由多种高分子聚合物加工而成的，这种灌缝胶主要从国外引进，选择合适的灌缝胶产品进行灌缝，可使道路养护得到有效预防。

灌缝胶施工中需要开槽和清槽，这可以保持裂缝路面更加规整、美观，也可以增强灌缝所用材料的黏结性，使得灌缝中裂缝处理的效果更明显，利用灌缝胶进行裂缝填封养护处理，在高速公路养护方面得到了广泛的应用。

这种养护技术的工艺流程如图 7-3 所示。

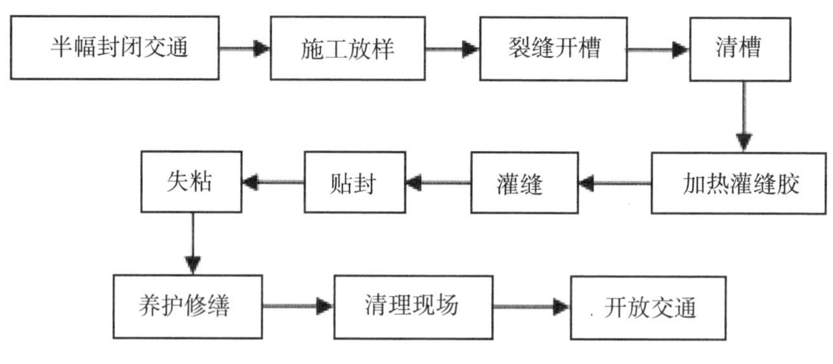

图 7-3　灌缝胶处理裂缝方法工艺流程

五、抗裂贴处理

这适于裂缝病害已发展，面层边部一定范围内混合料已发生松动，但结构层尚好，单纯灌缝处理不能较好地解决水分浸入的情况。采用抗裂贴做灌缝养护的施工工艺如图 7-4 所示。

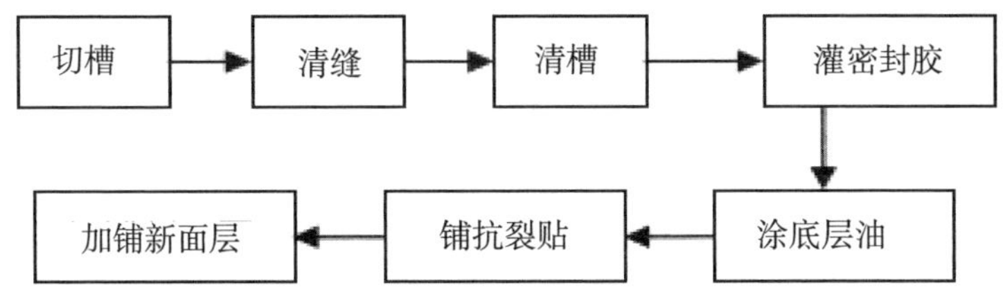

图 7-4　抗裂贴处理裂缝工艺流程

这种裂缝处理养护技术的优点是，可以有效防止雨雪天气中水分的渗入，抗裂贴较小的厚度也能有效防止上层面发生破坏。

六、压缝带处理

压缝带是一种以沥青、改性剂为主要成分的宽度不等的带状产品，压缝带的上面有一层塑料薄膜，保护其上表面不会受到污染。压缝带处理裂缝的施工工艺如图 7-5 所示。这种方法简便快捷，由于其具备良好的耐久性，得到了广泛的推广和应用。

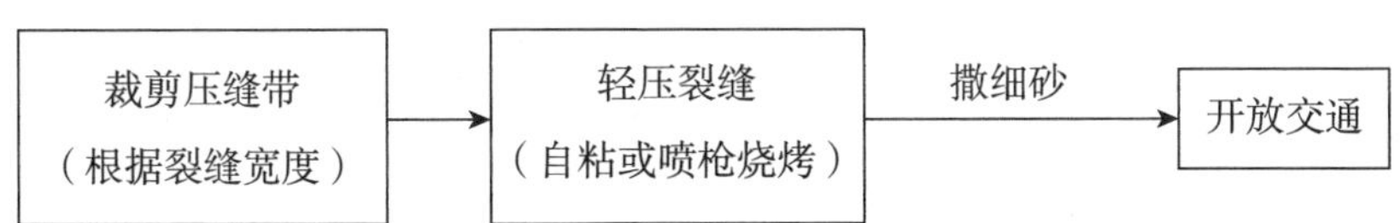

图 7-5　压缝带处理裂缝工艺流程

例如，用魁道压缝带进行裂缝填封和养护，有如下优点。

①裂缝处有很强的黏结力，很好地补充了裂缝两边的强度。

②即使在低温条件下裂缝处依然能保持很好的弹性，不影响裂缝周围环境的移动。

③用压缝带做养护的裂缝，防水和防生物化学品的侵蚀能力强，裂缝填封的效果也比传统的灌缝措施明显。

④施工过程中不需要投入过多的设备，需要的只是一只液化气罐、一支用于烧烤裂缝的喷枪。

第二节　表面涂刷类预防性养护技术

一、表面涂刷类预防性养护技术概述

表面涂刷类预防性养护技术，是采用不同的喷洒方式、不同的涂刷材料在高速公路沥青路面增加一层薄薄的养护层，达到对路面的防水、封缝、抗老化等的预防作用，延长高速公路的使用寿命。

从不同的施工工艺方面来看，表面涂刷类预防性养护技术有以下优点和缺点。

（一）优点

①抗老化性强。这种涂层养护的沥青路面，即使经过长时间的紫外线照射，也能使部分老化的路面保持柔韧性，还能保护没有老化的沥青。

②防渗水功能强。高速公路受雨雪天气或者行车车辆碾压的影响，路面表面层的空隙率会加大，也会形成许多微小的裂缝，致使水分渗入路面结构层的内部，侵蚀结构层，降低路面结构层的强度。针对此情况，表面涂刷的养护技术能够起到很好的保护路面的作用，有很好的防止水分渗入的功能。

③提高耐油污性能。车辆在高速公路行驶会产生漏油的情况，从而对路面造成污染，腐蚀路面并严重影响路面的耐久性。而采用表面涂刷养护的路面能够提高耐油污性能，起到保护路面的作用。

④提高抗滑耐磨耗性能。这种养护技术的施工在涂层硬化前在裂缝处撒了一层砂子，有的甚至直接将耐磨性好的砂与封涂层材料共同搅拌均匀后再涂刷或喷撒，大大提高了原有路面的抗滑耐磨耗性能。

（二）缺点

①施工后需要一定的时间才能开放交通。

②需要严格把控路面单位面积的涂刷材料喷撒量，过多会在路表面形成一层薄膜而使路面丧失摩擦阻力。

③路面撒砂虽然能提高路面的抗滑阻力，却会降低车轮与路面的黏结力，高速行驶的车轮仍会带出砂子，从而使得路面的抗滑能力降低。

二、雾封层处理

雾封层处理是将高渗透性的乳化沥青进行改性，进而在路面上进行喷洒，实现路面的保障。路面松散，以及路面封水、微裂缝（封闭型）、老化等因素，都会抑制路面的抗滑性，让路面受损。若路面承载能力良好，则各项情况——横向裂缝、沥青严重老化、中等程度的纵向裂缝、松散等会发挥作用。

雾封层处理通过专用设备把在合适配比的乳化沥青或改性乳化沥青材料中加入金刚砂等填充材料的混合料喷洒在沥青路面上。它通过对路面细小的空隙进行封闭，起到闭水的效果，从而在路面表面形成保护膜，阻止路表水的下渗，防止水损害发生。理论上，雾封层处理可以用于低交通量、低速行驶的道路及停车场上，但它也可以用于路龄较小的高速公路，要求是路段没有明显的疲劳裂缝和泛油病害，并具有良好的抗滑性能，最大限度地减少水损坏影响，增强路面集料之间的黏结力，节约公路养护的成本，延长高速公路使用寿命。

高速公路沥青路面大多病害都是由于水分渗入造成的，轻度或中度的细料损失、松散的路面，以及产生比较密集的细微裂缝路面，都可以利用雾封层喷洒乳液有效地、直接地解决，雾封层使乳液有效填充裂缝，有效防止了路面的渗水问题，这种处理方式适用于任何交通量的高速公路。

雾封层氧化的路面，恢复了沥青路面的黏附性，更新和保护了老化的路面，保证了低温下路面也不会受到损害，还加深了沥青路面的颜色，加大了沥青路面与路标的对比度。这种处理方式下的路面耐久性强，节约路面养护的成本。

三、还原剂封层处理

高速公路沥青路面长时间运行后，在温度、光照、水、大气等自然因素作用和行车荷载作用下会逐渐发生老化，这会使得沥青路面失去弹性，容易脆断，路面也容易开裂、松散，致使抗水抗损害能力降低，从而严重降低沥青路面的使用功能，给高速公路行车带来安全隐患。

还原剂封层处理能够还原路面的路用性能，减缓沥青路面的老化时间，有效地解决高速公路沥青路面的老化现象。主要的还原剂及其性能如表 7-1 所示。

表 7-1　主要的还原剂及其性能

还原剂类型	材料成分	技术	性能、优缺点
TL-2000 聚合路面强化剂	黑色液态、单一成分的微沥青聚合物	常温下施工，渗入沥青混凝土中发生化合作用，形成一层反应膜	弹性、塑性，防紫外线辐射，耐酸碱、耐油，防渗水、抑制水损坏，保护路面，还原再生老化沥青路面，延长使用寿命。使用方便，1～2 h 就可以开放交通
沥再生 RejuvaSeal TM	呈黑色油状，由多种成分按一定比例合成	直接涂刷在沥青路面，形成密封层，一个月后沥青再生渗透沥青结构层，与沥青融为一体	补充沥青所需的极性物质，恢复老化沥青的活性、弹性、柔韧性、黏结力，缓解路面的脆裂。再生沥青有较强的抗腐蚀性、耐久性、抗滑性
魁道沥青复原剂	含活化物的冷混合物，具有双组分	材料渗透→激活老化胶质→恢复弹性→形成新的保护膜	激活老化沥青胶质，恢复其原有活性、黏结性、弹性、抗疲劳性，改善路用性能，延长使用寿命。适用开级配、密级配路面类型，能有效渗入、黏结沥青结构层
ERA-C 型沥青再生剂	由妥尔油树脂、石化沥青形成的混合乳化液	妥尔油树脂渗入与沥青进行化学反应	改善老化沥青的性能，延长沥青混合料的耐久性。黏结性强、流动性好、渗透性高、适应性强
STAR-SEALSUPREME 封涂层	以精制煤焦油沥青乳液为主，添加有橡胶类高分子聚合物和表面活性剂的混合物	与石英砂搅拌后进行 2 或 3 遍的喷洒或涂刷，形成保护层	有弹性，具有较强的黏结性、抗水性、耐油性、抗腐蚀性、抗老化性，降低水损害，硬化速度快，提升路面品质，美化沥青路面

四、公路再生路面养护

公路再生路面养护技术是针对沥青路面的，沥青再生剂是一种用于沥青路面的在沥青路面上发挥高渗透性作用的再生修复剂，若在沥青路面上出现了轻微的病害，或是没有病害的时候，可以采用沥青再生剂修复，将其渗透到沥青表面，在不改变沥青路面结构的前提下进行有效防腐蚀、防水修复，让路面的性能恢复，提升路面的耐久性、温度适应性等。

当前使用最为广泛的沥青再生产品有以下几种：RD-1050、沥青再生 PDC 、TL2000 路面强化剂等。在进行沥青路面再生的时候，主要是利用沥青的再生机组，通过热化旧路面，借助耙松或热刨的手段进行深度挖掘，进而将新的混合料、再生剂投入其中，搅拌均匀后快速连续地进行铺平、碾展，进而实现有效的修复型养护。在公路再生路面养护技术进程中，通常进行的是单层或双层施工，因此工序较为简单，在老化不严重的地面可以加强使用，如修复泛油、磨光、麻面、车辙等病害的路面。在技术的使用过程中，主要是旧材料在发挥作用，因此价格低，同时施工速度很快，经济实惠无污染，不仅节约成本，还能减少对交通的干扰。

第三节　封层类预防性养护技术

一、石屑封层处理

石屑封层处理首先是对原路面进行沥青材料（热沥青、改性沥青或改性乳化沥青）的喷洒，然后将单粒径或级配合格的集料撒布在其上，紧接着对路面进行碾压。

该处理方式的优点是能够封住路面，起到路面封水性能和抗滑性能加强的作用。其缺点是施工时造成交通中断，养护时间较长，影响车辆通行；而且施工完成的路面在车辆高速行驶时具有较高的噪声，同时车辆容易将松散集料带出，造成路面的抗滑性能降低。该处理方式通常用于低交通量和低等级的路面。

二、同步碎石封层处理

同步碎石封层是指将沥青胶结料和单一粒径的碎石用同步碎石撒布车同时撒布在路面上，并碾压使两者充分黏结而形成的沥青碎石层。

（一）适用范围

适用于路面技术状况良好、强度评价为良及以上、路基整体稳定性良好，交通量处于中小水平或行车速度不高的沥青路面的预防性养护。施工前应将旧路表面病害进行处置，必要时进行补强。

（二）材料组成

材料组成为碎石和胶结料。要求碎石表面洁净、干燥、无风化、无杂质，形状规整，具有足够的强度和耐磨耗性，胶结料采用道路石油沥青、改性沥青、橡胶沥青等。道路石油沥青应满足《公路沥青路面施工技术规范》（JTG

F 40—2004）的要求，沥青等级应选择 A 级。

①碎石。反击破碎（或锤击破碎）碎石，针片状含量小于 15%，几何尺寸规则，需要水洗风干纯净无杂质，压碎值小于 14%。

②胶结料。需具有足够的黏结性，同石料有足够的结合强度；对不同的石料均适用。可以使用胶结料的类型很多，如软化纯沥青、聚合物改性沥青、乳化沥青、聚合物改性乳化沥青、稀释沥青等。

（三）技术特点

同步碎石封层处理的技术特点如下。

①整体呈柔性力学特征，可提升路面抗裂性、防渗水性，对处置龟网裂、减少反射裂缝效果明显。

②可大幅提高路面抗滑性能，恢复路面平整度。

③采取多层摊铺不同粒径石料，可处置 10 cm 以上车辙、沉陷病害。

④该处理方式可作为养护和大修的过渡措施，以应对养护建设资金短缺的矛盾，性价比高，可节约投资成本。

⑤工序简单，施工速度快，开放交通早。

（四）实施步骤

同步碎石封层处理是分两步进行操作的预防性养护措施。首先在路面喷洒沥青结合料，其次将尺寸均匀的石屑通过人工或者撒布车在路面上进行铺设，然后立即碾压，让路面成型。同步碎石封层技术使用的最大效用在于能够防止渗入水，进而让路面的情况得到改善，进而提升路面的耐磨性、抗滑性。该技术的使用，在一定的条件下能够发挥更好的作用，如松散、渗水路面，中轻度泛油路面，抑或轻度纵向 / 横向裂缝出现的路面。同时针对中等疲劳的裂缝，该技术也能发挥作用。这是路面预防性养护技术的新发展，在 20 世纪 90 年代的欧美各国已广泛应用。

该处理方式的优点是同步，即让两道工序——黏结剂的喷洒和集料的撒布在同一台车辆上实施，达到在不降温的情况下，使得石屑和黏结剂充分接触，而且能更好地渗透裂缝中。与石屑封层处理相比，该处理方式体现出更好的效果，如使路面抗裂、防渗水和防滑等性能得到提高；还能处置车辙、沉陷等病害；而且其工序简单、施工速度快、无须养护，可即时限速开放交通。同步碎石封层处理可以用在各级沥青路面的预防性养护或矫正性养护中。

三、稀浆封层处理

稀浆封层处理是按照事先设计好的配合比，将乳化沥青、粗细集料、填料（如水泥、粉煤灰、石粉）和其他添加剂进行拌和而形成流动状态的混合料，再使用稀浆封层机把混合料均匀摊铺到原路面而构成一种新的路面保护层。

该措施不仅可以对路面平整度进行改善、对轻微车辙进行修复，还可以使路面的防水性、抗滑性和耐磨性得到加强，此外可使路面表面裂缝的延展得到很好的遏制，起到延长路面服务寿命和推迟大中修时间的作用，实现养护费用的节约。总之，稀浆封层处理对路面的早期病害具有良好的治理效果，而且其养护费用不高。

稀浆封层能够用于处置轻度纵横向裂缝、磨耗严重或松散以及车辙发展已稳定但并不严重的路面。它主要适用于对二级及二级以下公路沥青路面实施预防性养护，还适用于新建公路的下封层预防性养护。但不太适合处理高速公路路面病害，因为稀浆封层对局部路基路面承载力的提升并没有很好的效果。

稀浆封层是一种表层养护模式，主要是将相应的水、集料、乳化沥青加上一定量的添加剂，进行一定的配比，进而均匀搅拌形成混合物，再在路面上进行均匀喷洒，一般形成的厚度在 3 ～ 10 mm。该措施能有效提升路面的防滑性，在轻度裂缝的填补上发挥作用，即将路面的磨损程度降低，进而治理松散的情况，使得路面得到恢复，且形成平整、耐磨的路面，达到防水、防滑的目的。稀浆封层适用于轻度磨损的路面，尤其是在温差较小的地方更能够发挥作用，最合适的是轻度的横、纵裂缝，或是块状裂缝，或者是受到轻度的车辙损害而导致的裂缝、松散、磨损等。

四、微表处封层处理

微表处即聚合物改性乳化沥青稀浆封层，是依照特定的配合比将聚合物改性乳化沥青、连续级配碎石、矿物填料、水和所需的添加剂搅拌成稀浆混合料，用专门设备将其铺设到旧路面上的方法。

该技术的特点是具有较短的施工作业时间、对交通干扰不大、能够快速地恢复交通、具有较强的抗滑能力、耐磨性好。该技术的实施可以看作为旧路面铺设了一层磨耗层，能够达到阻止水分向下渗透，同时达到使路面抗磨耗性能得到增强和车辙松散等病害得到修复的目的。微表处封层处理最突出的一个优点就是能够对需修复的路面进行自动填充。

该技术的缺点是车辆在新铺设路面上行驶产生的噪声比一般热拌沥青混凝土路面大 2 ～ 3 dB，这使其应用受限，同时若施工技术不高会导致路面出现外观质量缺陷。

该技术主要适用于路况病害为车辙影响，路面上裂缝微小的情况。此技术的使用能有效提升路面的平整度，并且让路面抗滑性增强，延缓路面的老化状况。还适用于轻度病害的路面，如横向、纵向裂缝，疲劳裂缝等路面，也可以在磨耗、中轻度泛油的路面中使用。

五、开普封层处理

这是一种整合高强度碎石封层、稀浆封层的综合技术，通常会在石屑封层上同时加上稀浆封层，进而实现复合式封层的理想状态，达到双重保护的整体效果。开普封层处理能够以较低的成本得到较好的降噪效果，并且能够对沥青路面进行科学填补。养护后的路面具有较高的抗滑性、良好的完整性和行车噪声低的优点。

六、纤维碎石封层处理

经工艺处理的纤维材料错乱均匀分布于上下两层沥青结合料之间，呈网络缠绕形态，类似于弹性好和强度高的网垫。纤维碎石封层处理可用于新建路面基层和面层之间或养护工程旧路面之上。工程以预防性作用为主，适合于有轻度横纵向裂缝、不规则裂缝、深度不大于 25 cm 的轻度车辙、轻度磨光、麻面破损、泛油、轻度渗水等情况的路面。对不适合预养护的路面需要预先进行结构修复或重建。这种封层处理的沥青结合料一般选用阳离子型聚合物改性乳化沥青。改性剂类型和剂量通过试验确定，可以选用 SBS 或 SBR 等。以恩格拉黏度作为乳化沥青黏度指标，粒径长度在 5 cm 左右。撒布温度范围为 50 ～ 70 ℃。

为提高封层使用性能可优化集料级配或者采用单一粒径集料。纤维类型可以选择喷射用无捻粗纱玻璃纤维。通过试验确定纤维用量和长度数值，通常玻璃纤维线密度为 2400 tex（g/km）、平均用量为 50 ～ 70 g/m^3，纤维长度可以选择 30 mm、60 mm、120 mm。纤维需满足可燃物含量、含水率、直径标准等方面的要求。

第四节　罩面类预防性养护技术

一、罩面类路面养护概述

罩面类路面养护是在原有的路面上，通过铺设沥青混凝土，进而达到缓解路面病害的目的，改善路面平整度，进而使人们在行车的时候能够更加舒适。该技术的使用范围：不平整的路面、轻度横向 / 纵向裂缝的路面、板块裂缝的路面、出现磨损的路面、轻度泛油的路面、抗滑性不足的路面等。在不同的工艺技术之下，受温度的影响，会有三种不同形式的薄层罩面技术——冷、热、温。

在进行铺设的时候，通常将厚度控制在 10 ～ 20 mm，在轻度受损的路面能够发挥较好的效果，达到改善路面过于滑、不耐磨，并且噪声大、车辙多的缺点的目的。

这是一种可持续发展的高速公路沥青路面预防性养护技术，其能够修复和恢复公路的表面功能，将薄层沥青混凝土铺筑在具有足够强度的承重层上，能够提供给路面一个崭新的表面，增大沥青路面的平整度；减小车辆行驶时的振动，降低噪声；减少车辆对路面的激烈振动产生的破坏。平整的路面增大了高速公路车辆行驶的舒适性；提高了公路的抗滑能力，增大了行车的安全性；还能使公路承受重载交通，在一定程度上可以防治高速公路表面的坑洞、裂缝等破坏现象，同时节约资源，延长路面的使用寿命，具有良好的经济效益和社会效益。

二、冷薄层罩面技术

冷薄层罩面是指在常温下把改性沥青或改性乳化沥青和砂石集料进行拌和，并在原沥青路面上进行摊铺碾压直至密实成型的一种方法。它的特点是不但能够在常温下作业，而且能够减少沥青用量 10% ～ 20%。因此具有节约资源、减少环境污染和保护人员健康的优势。但是冷拌沥青混合料相对于热拌沥青混合料品质较差，不适于高等级公路面层罩面。该技术的优点如下。

①节约能源和设备。冷薄层罩面技术在沥青混合料拌和时砂石料不需要加热，只消耗生产和加热乳化沥青时所需的能量，大大节约了能源消耗；不需要沥青混合料拌和站，具有一定的施工灵活性。

②延长施工季节。这种技术的养护不分季节，不管是秋冬季节，还是夏季高温季节，只要路面出现了病害就可以及时处理。

③节省沥青用量，可以减少正常用量的 10% ～ 20%。

④减少污染。乳化沥青混合料拌和、生产在常温下进行，因而没有烟气和粉尘排放，对环境不会造成危害。

对于高速公路沥青路面的预防性养护，冷薄层罩面技术适用于以下情况。

①由于冷薄层罩面混合料的路用性能不及热薄层罩面混合料，所以该技术适用于交通量不太大的低等级公路。

②由于冷薄层罩面对周围温度或湿度要求较低，适用于潮湿或低温环境下需要及时进行预防性养护的路面，以缓解路面病害的扩大与发展。

三、热薄层罩面技术

热薄层罩面是将一层热拌沥青混合料直接铺筑在旧路面上的一种措施。该措施能够有效修复原始路面早期病害如平整度不足、抗滑性能较低、轻度车辙等，能够有效地改善原路面的美观性。它可以直接作为各级公路的表面层。该技术不仅可以承担具有较大交通量的重载交通，还可以按照实际施工作业时的需求来改变摊铺厚度，使原来设计的横坡和纵坡达到最佳状况。

四、温拌沥青混合料罩面技术

温拌沥青混合料是拌和温度介于冷拌和热拌之间，但是性能与热拌沥青混合料相当或接近的一种新型混合料。该技术由于降低了高温对沥青产生的老化作用，使得路面服务时间得到延长；同时由于加热时所需燃料量的降低带来了节约能源、保护环境和人员健康的效益。该技术适用于对环境有特殊要求、不影响路面使用性能的高等级公路。温拌沥青混合料与其他两类沥青混合料的比较如表 7-2 所示。

表 7-2　三种沥青混合料的对比

指标	冷拌沥青混合料	热拌沥青混合料	温拌沥青混合料
拌和温度 /℃	10 ～ 40	150 ～ 180	110 ～ 120
性能	不稳定	好	好
能耗	低	高	节约 20% 左右
有害气体	低	大	小
经济成本	低	一般	高
施工	方便	有限定	工期长、运输方便
应用	养护	广泛，技术成熟	起步阶段

（一）技术原理

1. 引入水分

在沥青混合料拌和的过程中，通过载体或者直接引入与热熔状的沥青接触，这时会产生大量的蒸气形成泡沫沥青，使得沥青在较低的温度下能够包裹集料并进行拌和、压实。这种技术中引入的水分总量、引入水的方式和热熔状沥青的温度直接影响了混合料的拌和效果。在利用这种技术原理实际生产温拌混合料中，不同厂家的情况如表 7-3 所示。

表 7-3　温拌沥青混合料生产实例

<table>
<tr><th>厂家</th><th>技术原理</th><th>降温效果 / 拌和温度</th></tr>
<tr><td>PQ</td><td rowspan="2">含水量约 20%，占混合料总量的 0.3%</td><td rowspan="2">降温 25 ～ 30 ℃</td></tr>
<tr><td>哈伯德</td></tr>
<tr><td>Fairco</td><td>部分集料含水分发泡</td><td>拌和温度 <100 ℃</td></tr>
<tr><td>Nyna</td><td>占混合料总量的 0.5% ～ 1%</td><td>90 ℃</td></tr>
<tr><td>壳牌</td><td>软沥青和水产生泡沫，
硬沥青并掺加抗剥落剂</td><td>110 ～ 120 ℃</td></tr>
<tr><td>美德维实伟克</td><td>乳化沥青中水分产生泡沫，
并掺加抗剥落剂等多种改性剂</td><td>85 ～ 115 ℃</td></tr>
<tr><td>雅达</td><td rowspan="3">改进设备直接加水产生泡沫，
占沥青混合料总量的 1% ～ 2%</td><td>116 ～ 135 ℃</td></tr>
<tr><td>特雷克斯</td><td>120 ℃左右</td></tr>
<tr><td>劲科</td><td>120 ℃左右</td></tr>
</table>

2. 加入低熔点的有机物

低熔点（90 ℃左右）的有机添加剂加入沥青混合料中，改变了沥青的黏温曲线，从而降低了拌和温度。这种技术原理需要注意以下两点：①有机添加剂的熔点要高于环境的最高温度；②在低温时会不会影响沥青变脆。所以要根据实际的路面情况和路面所处的环境，慎重地选择所要添加的有机物。不同的厂家在利用这种技术原理生产沥青混合料时，都可以达到降温 20 ～ 30 ℃的效果，如表 7-4 所示。

表 7-4　不同厂家的降温效果

<table>
<tr><th>沥青混合料名称</th><th>厂家</th><th>技术原理
（占沥青总量的 %）</th><th>降温效果 / 拌和温度</th></tr>
<tr><td>Sasobit</td><td>沙索</td><td></td><td rowspan="3">降温 20 ～ 30 ℃</td></tr>
<tr><td>Asphaltan−B</td><td>罗蒙塔</td><td>2.5%</td></tr>
<tr><td>Licomont BS100、Subit</td><td>科莱恩</td><td>3%</td></tr>
</table>

（二）技术特点

温拌沥青混合料通过温拌技术，实现了拌和温度降低 30 ℃左右，从而提高了抗滑性能、改善了行驶质量、校正了表面缺陷、降低了噪声等。

①可以降低沥青及石料的加热温度，降低燃油成本和机械损耗，还能减少像二氧化碳等有害气体及粉尘的排放量，降低环境污染程度。

②改善了薄厚度沥青混合料（1.5 ～ 2.5 cm）不容易压实的弊端，充分保证了超薄沥青罩面结构的压实性，防止了由于添加温拌剂的同时引入的水分的流失，提高了路面的使用性能。

③由于拌和温度和压实温度较低，摊铺 20 min 之后就可以使用，减少了对紧张的高速公路交通的影响，低热排放量也可以降低环境的总热量排放，缓解地表温度，响应低碳环保的绿色行动。

④温拌沥青混合料罩面解决了热拌沥青混合料在秋冬温度较低季节不宜施工的问题，从而延长了施工季节，延缓了路面病害发展。

虽然温拌沥青混合料罩面技术优点较多，但是该技术也存在着一定的问题。相对于有些比较成熟的技术，这种技术的成本还是比较高的，也就提高了高速公路的建设成本；由于在低温条件下，利用这种技术的路面强度明显下降，存在水损害的现象，还需要添加适量的消石灰提高路面沥青的抗水损害性能。

（三）施工工艺

①在施工之前，需要对原路面进行相关的检测和处理，对于坑槽开采修补，需铣刨过后用切割机对坑槽外边缘进行修整。

②温拌剂用量为沥青用量的 5% ～ 15%，温拌剂的喷洒时间为 8 ～ 10 s，以保证在沥青喷洒结束之前完成温拌剂的喷洒。

③摊铺厚度采用非接触式平衡控制，拼接紧密，不能有缝隙，摊铺速度为 3 ～ 4 m/min。

④初始碾压温度为 120 ～ 130 ℃，复压温度为 90 ～ 110 ℃，终压温度为 60 ～ 90 ℃，碾压完成后温度为 50 ～ 60℃。压实后路面温度在 50 ℃以下，可开放交通。

五、SMA–5 薄层罩面技术

SMA-5 即公称最大粒径为 4.75 mm 的 SMA 型沥青混合料，细粒式 SMA-5 可作为薄层沥青混凝土罩面材料应用于高速公路。将其用于旧沥青路面的维修工程，恢复路面的表面性能；也可以用于预防性养护，以保护路面的整体性。其上覆层也可以增大路面的结构强度。

SMA-5 传承了 SMA 型级配优良的路用性能，但是 SMA-5 相对于传统的 SMA 型沥青混合料有以下区别。

① SMA-5 公称最大粒径小，具有更小的摊铺厚度（按照摊铺厚度和公称最大粒径 3 ：1 的规则摊铺，SMA-5 最小摊铺厚度可达 15 mm），可作为薄层罩面进行预防性养护。

②由于 SMA-5 集料粒径小，细集料多，SMA-5 罩面层内部空隙率小，因而抗渗水性能相对较好。

（一）SMA-5 薄层罩面的优点

1. 良好的路用性能

这种沥青混合料来自均匀的拌和，混合料的粒径小且细，施工的过程中不容易产生离析现象，铺筑的高速公路路面均匀一致，具有良好的路面外观；SMA-5 有良好的沥青结合料且粗集料能够形成骨架，有优越的高温稳定性。由于这种薄层罩面有很好的沥青玛瑞脂的黏结作用，使公路具有抗低温变形的能力；在较低的孔隙率和玛瑞脂作用下，耐水稳的能力出色。

2. 良好的抗滑性能

SMA-5 沥青混合料形成了高速公路平整的表面，在路面上行驶的车辆能够平顺地行车，有更舒适的行车效果；SMA-5 沥青路面较好的构造深度，使得不管是在晴天还是雨天，路面都具有良好的抗滑性能，都有效改善了行车质量。

3. 良好的抗噪声性能

SMA-5 具有的密实性、粒径小的粗细集料混合料，是降低路面噪声的首选，也符合欧洲低噪声路面的标准，可降低 6% ～ 8% 的行车噪声；其适用于路面标高受限的情况，在罩面方面有良好的优势。

4. 施工时间短

由于这种沥青混合料的摊铺厚度薄，铺筑之后散热也比较快，因此这种混合料的施工比其他沥青混凝土的施工速度要快，开放交通的时间也短，有利于维护良好、畅通的交通。

（二）SMA-5 薄层罩面的确定

1. 对混合料配比的控制要求高

对 SMA 型混合料配比的控制环节比常规的 AC 型沥青混合料要求高，特别是纤维用量的控制和沥青玛瑞脂用量的控制。纤维用量通过外部纤维投放设备控制，稳定性相对较差，纤维投放偏少会引起泛油；纤维投放过多会引起混合料干涩从而影响其使用性能。沥青玛瑞脂指由沥青、纤维稳定剂、砂粉以及少量的细集料组成的填充物，沥青玛瑞脂偏多则 SMA 型路面构造深度小，影响路面抗滑、降噪等性能；沥青玛瑞脂偏少则混合料骨架填充物少，影响 SMA 型路面的密水性及混合料的耐久性等性能。

2. 施工温度控制要求高

SMA-5 沥青混合料沥青用量多，且厚度更薄，混合料温度容易散失。这使得混合料在生产、摊铺和碾压环节都必须严格进行混合料温度的控制，温度偏低易造成混合料压实困难、压实度不足、渗水等问题。

3. 造价高

SMA 型沥青混合料因其沥青、矿粉用量多，造价往往较高，而 SMA-5 较 SMA-13 每吨造价高约 10%。

（三）施工机械、设备要求

SMA-5 薄层罩面不需要特别的拌和设备和摊铺设备，利用常规的沥青路面拌和及摊铺设备即可施工。

1. 温度控制要求

SMA-5 混合料采用的是改性沥青和纤维稳定剂，且摊铺厚度较薄，混合料对温度敏感性较高，需做好混合料温度的控制。

①沥青拌和温度控制。现场制作温度为 165 ～ 170 ℃；沥青加热温度≤ 180 ℃；矿料的加热温度≥ 190 ℃；混合料出厂温度为 175 ～ 185 ℃；混合料温度≤ 200 ℃。

②摊铺、碾压温度控制。混合料的出厂温度为 175 ～ 185 ℃，摊铺温度≥ 165 ℃；碾压的初压温度≥ 160 ℃，复压温度≥ 140 ℃，碾压的终压温度≥ 120 ℃。

2. 拌和要求

SMA-5 混合料的拌和采用间隙式沥青拌和机，必须配备有纤维稳定剂投料装置，用专用纤维添加到专用的拌和锅中，在投入粗细集料之后立即加入专用纤维，且能够自动进行拌和，在干拌几秒钟之后再投入矿粉，在冷态条件下添加纤维的时机要同步于拌和机的拌和周期。这样总干拌的时间就比普通沥青混合料的干拌时间多出来几秒钟，条件许可的情况下可适当再延长拌和时间。

3. 纤维用量的保证

拌和时必须从以下几个方面控制纤维的投放量。

①纤维投放机的稳定性，包括纤维投放机信号控制、纤维投放量标定等。

②纤维投放机内纤维的人工投放与打散。施工时需要人工将纤维投入纤维投放机内，需随时保证投放机内纤维量，同时适当将成团的纤维进行人工打散。

③纤维的潮湿程度，潮湿的纤维会增大纤维的重量，从而影响纤维的投放量。

六、Novachip 超薄层罩面技术

该技术主要应用于高等级沥青路面或水泥路面的预防性养护和轻微病害的矫正性养护。Novachip 超薄层罩面也可作为新建道路表面磨耗层，是一种超长耐久的表面层，可经济有效地对路面的轻微到中等病害进行维修养护，提升路面的抗滑性能，修复路面的轻度裂缝和剥落，具有降噪、改善表面排水的功能，能够有效改善路面路用性能，具有造价低、服务寿命长、工期短、开放快、易于养护等特点，能有效改善路面的使用品质。

（一）Novachip 超薄层罩面技术的组成

①改性乳化沥青防水粘层。

②超薄高性能热罩面层。

③专用设备 Novapaver 摊铺机及普通压路机。Novapaver 摊铺机与传统的摊铺机相比，增加安装了一个乳化沥青储存罐，此储存罐具有保温的功能，确保施工过程中乳化沥青温度不会损失过快。在摊铺机行进过程中，将改性乳化沥青输送到混合料出料口前的喷头处，并按照设定的流量进行喷洒，后续接着摊铺罩面混合料，改性乳化沥青可以将原路面与摊铺的沥青混合料牢牢黏结在一起。

（二）性能特点

使用这种技术的路面能够改善行车质量，具有高等级公路抗滑性能，该技术符合现代高速公路沥青路面预防性养护的发展方向，有广阔的发展前景。国

外应用情况表明，使用超薄层罩面技术可以延长路面 8 ～ 10 年的使用寿命。从近几年 Novachip 超薄层罩面技术的使用和长期性能观测结果看，其有如下的特点：保护养护路面的整体性；是对旧沥青路面实施预防性保护的又一个层次；能够起到预防和恢复路面表面功能的作用；罩面的厚度能够满足桥梁的营运安全，确保桥面铺层不受到水损害，因此适宜用作高速公路桥面的预防性养护；良好的抗滑性能、减小水雾的性能特点保证了行车的安全；施工的时间短、速度快，能够较快地开放交通，减缓高速公路交通压力；能充分利用旧路面，节能环保；还能改善路面的平整度；采用专门的摊铺设备 Novapaver，并且使用的沥青与乳化沥青全部采用进口材料，价格昂贵，受制于施工设备限制及原材料价格昂贵双重因素的影响。

在实际工程施工中，摊铺机上的改性乳化沥青使用完后，需要停止摊铺机后才能进行乳化沥青的添加，不但影响了施工的连续性，浪费了施工时间，而且对磨耗层的平整度也造成了影响。

（三）适用条件

路面出现轻微裂缝、中等病害、轻微剥落、离散等非结构性病害情况；路面光滑、摩擦系数不够或路面纹理深度不足的情况；行驶过程中路面噪声过大、路面表面横向排水不畅等情况。

（四）施工工艺

1. 施工要求

当旧路面出现裂缝、车辙、坑槽等病害时，彻底处理原路面的严重病害，满足条件后方可施工，现场施工环境温度不得低于 8 ℃或路表温度不得低于 10 ℃，路面必须整洁干燥。

2. 施工流程

Novachip 施工流程如图 7-6 所示。

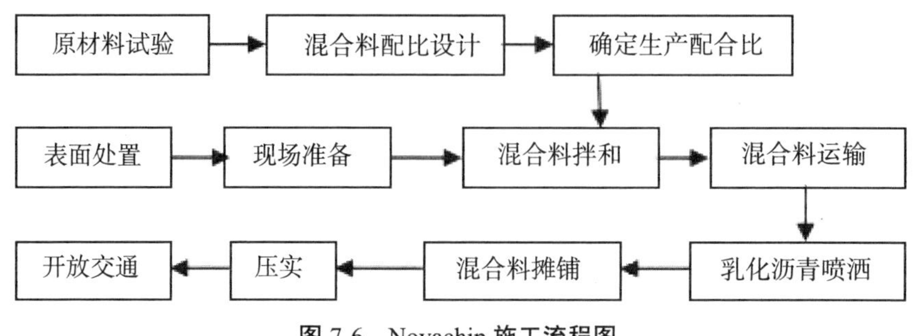

图 7-6　Novachip 施工流程图

七、超薄磨耗层罩面技术

超薄磨耗层罩面技术通过高含量聚合物改性乳化沥青在路面上的铺设，搭配一定的热拌沥青混合物，在这两种材料的有效黏连之下，实现路面裂缝的黏合，进而实现有效预防养护。

超薄磨耗层罩面技术的原理是把间断级配的热拌沥青混合料通过专用机械直接摊铺在改性乳化沥青黏结层上。它的突出特点是使用的沥青混合料改性沥青的含量高，且为间断级配的集料；能提高路面的抗滑性能，同时也具有降噪性、渗水性好的优点。其修复微小的路面损坏时，能够提高路面的使用性能，具有较高的水稳定性、耐磨性和抗滑性。

第八章　高速公路沥青路面性能检测与评价

不同路面结构类型所对应的多个控制指标不尽相同，故需要针对不同路面结构类型选取不同的控制指标来计算其路面结构的可靠度。本章分为沥青路面使用性能分析、沥青路面性能评价指标体系、沥青路面性能检测、沥青路面典型结构与可靠度分析四个部分，内容主要包括：沥青路面使用性能介绍、影响因素、分析与预测，国内外沥青路面性能评价指标研究现状，沥青路面性能评价指标内容，高速公路路面性能检测研究现状、检测内容及检测时机的动态确定，沥青路面典型结构，沥青路面可靠度理论研究及可靠性分析等。

第一节　沥青路面使用性能分析

一、沥青路面使用性能介绍

1962 年，美国国家公路与运输协会最早提出了路面使用性能的概念。但是随着社会经济的飞速发展，交通出行方式及交通工具不断变化，现代化科技在施工过程中使用得越来越多，特别是高等级公路的飞速发展，使得人们对路面使用性能和服务水平的要求越来越高。

为了能够使道路为使用者提供长期舒适安全的服务，满足车辆在一定使用年限内安全、高速、经济地行驶，沥青路面需在诸多性能方面保持优秀的水平。

（一）平整度

在行车过程中沥青路面不平整，车辆会受到较大的行车阻力，消耗更多的能量，并且会产生颠簸，这种颠簸不仅会影响行车的舒适性和驾驶的平稳性，而且对路面会产生额外的冲击力。不平整的路面还会造成积水，造成路面的水损坏病害。

（二）抗老化性

沥青路面在运行过程中会发生一系列不可逆的物理化学变化，使其变脆、易开裂，严重影响道路的服务水平和使用性能，这种现象就叫沥青的老化，而抵抗这种现象的能力就称为抗老化性。

（三）耐疲劳性

在使用过程中，路面反复经受着车轮荷载和环境的作用，内部结构所受的应力、应变处于长期交替变化状态下，因此路面结构强度不断下降，当所受到的应力、应变大于路面结构强度时，路面就会受到破坏，如产生裂缝、断裂。

（四）水稳定性

水稳定性是指沥青路面抵抗水作用的能力，若沥青路面铺装层中有水分存在，在路面车轮的动荷载下，路面结构空隙中的水会不断产生动水压力及真空负压抽吸的反复循环作用，使沥青黏附性降低甚至丧失，导致沥青混合料出现松散、剥落、掉粒，从而使沥青路面出现坑槽、松散等病害，严重影响行车质量及舒适性。

（五）抗滑性能

根据物理学研究可知，车轮与路面间的摩擦力是车辆行驶过程中制动和转向的关键因素。抗滑性能是指车辆在沥青路面上行驶时抵抗溜滑侧翻的能力。当路面为潮湿状态或者车辆为高速行驶状态时，轮胎与路面间会形成一层薄薄的水膜，使轮胎与路面不能直接接触，这会造成车轮与沥青路面间的摩擦力大大降低，轮胎易沿路面产生不可控的滑动，甚至发生车辆溜滑侧翻的事故。

二、沥青路面使用性能的影响因素

（一）车辆荷载的影响

在车辆荷载的重复作用下，沥青路面的总体结构性能降低，如果给出的其他条件是一样的，那么沥青路面使用性能的衰减会随着车辆荷载的加大而加快速度；沥青路面重载及超载的车辆越多，同时车辆荷载越小时，就会造成沥青路面的结构发生很大程度的破坏，以至沥青路面的使用寿命大大缩短。所以，车辆荷载对沥青路面使用性能的定量影响，是我们应当重视的和深入研究的重要问题。只有对这种影响关系有比较清晰的认识，有更深入的掌握，才能明确各种不相同的荷载等级对沥青路面使用性能究竟会造成什么程度的影响，并且能通过我们已经知道的车辆荷载等级信息，对沥青路面的结构按照沥青路面的使用性能进行设计。

（二）环境因素的影响

温度和湿度是环境因素中最主要的两个方面。由于各个地区的温度和降雨量等气候因素都存在很大的不同，所以，同样的沥青路面，在不同地区以及不同气候因素的影响下的衰变规律也会呈现出很大的不同。在大多数情况下，环境因素会通过多种方式对沥青路面造成不同程度的影响。通常包括以下两个方面：一是对沥青路面材料性能方面的直接影响；二是对沥青路面材料性能造成的间接影响，这种间接影响主要是通过叠加的荷载发生的。所以，对比环境对沥青路面使用性能的影响与车辆荷载对沥青路面使用性能的影响可以看出，环境对沥青路面使用性能的影响虽然是间接性的，但是更为隐蔽，也更有发生变异的可能性，故定量地分离出环境因素的影响相当困难。

（三）施工和养护水平的影响

施工水平在很大程度上会影响到沥青路面的使用性能，而在路面投入使用的初期，这种影响就更为明显。虽然我们已经认识到施工水平的重要性，但是施工水平涉及的因素繁多，并且十分复杂，如果想非常清晰地进行量化是非常困难的；对路面的使用性能造成影响的还有道路的养护水平。在同样的条件下，如果对沥青路面进行良好合理的维护和保养，沥青路面使用性能的衰变速度就会明显延长，路面性能的破坏也会明显缓解，从而沥青路面的使用寿命能够得到非常有效的延长。但是，这种养护的水平，如果想在路面行为方程中被精确地反映出来是非常困难的，也并不是容易实现的。

（四）沥青路面结构组合的影响

每条高速公路的路面结构是不相同的，而路面结构对沥青路面的影响，也是和不相同的路面结构有关联的。在同等的条件下，对不同的路面结构进行组合，就会使路面性能的发展呈现出不同的趋势。所以，我们非常有必要在进行路面结构设计时，设置好合理的组合方案，只有设计出合理的组合方案，并充分地运用于实践，才能使沥青路面的使用性能得到加强。一般情况下，能够延缓路面使用性能变化的是路面层较厚并且具有较高强度的路面结构组合。促使路面使用性能发生较快变化的是路面层比较薄，并且具有较低强度的路面结构组合。此外，早期路面使用性能比较好的是面层比较厚，并且具有较低强度的路面结构组合。后期路面使用性能比较好的是面层比较薄，并且具有较高强度的路面结构组合。

（五）材料特性的影响

材料是构成沥青路面结构的最基础的物质，材料质量以及配合比的合理性，都直接影响沥青路面的质量，从根本上影响路面使用性能的好坏。

在实际研究路面使用性能的过程中发现，有多种多样的因素会对沥青路面使用性能产生影响。

三、沥青路面使用性能分析与预测

（一）沥青路面使用性能分析

一般建设高等级公路时，因沥青本身具备功能优势，在出现问题时可方便及时维修，且具有使用寿命长的特点，所以通常选用沥青进行高等级道路的建设。为保证沥青道路能够在道路项目工程中发挥更大的优势，各国专业人员对其结构设计进行了研究，提出了多种便于沥青道路建设的方案，并逐渐应用到本国的道路建设中。不仅如此，还针对沥青道路在使用过程中出现的问题进行了分析，提出沥青道路的养护方案，并针对出现的问题提出维护方案。

国外研究者主要根据沥青路面的各个性能，并根据沥青路面的特点，针对寿命周期进行了研究，提出了相应的理论，如沥青路面性能的统计学特性问题；预防性养护不同的沥青路面抗滑性能差异评价问题；主要道路的沥青路面抗车辙性能评价问题。

我国根据国外的研究案例，并结合自身发展条件，也相继根据沥青路面的特点对其进行了研究。张金喜等研究了针对车上人员心理、生理反应的路面性能评价方法；李辉、高立广等研究了路面车辙病害的发生机理及相关模拟。多年前，我国就针对沥青路面的性能，提出了相对应的养护方案，根据沥青路面的性能，预测未来发生的变化，并根据所发生的变化规律进行有效养护与监管。

（二）沥青路面使用性能预测

对某件事物未来的状态进行预测，就是利用此事物现在、过去的状态值，运用科学的计算，对该事物在未来的发展规律做出预测、推断。为了预测的科学性、准确性，需满足如下前提。

①连续性。被预测的事物有规律的发展状态，其是由过去、现在组成的，不是单独存在的，当下的状态为过去状态和未来状态的过渡。对未来状态的预测，是基于过去与现在状态的基础上的。

②因果性。被预测事物的发展中需存在因果关系，内因、外因均可。在进

行预测的过程中，必须考虑并分析因果关系。

③相似性。被预测事物的发展存在相似性，在进行预测的过程中我们可以利用相似性来描述事物的特性。

1. 概率型模型

概率型模型相对于确定型模型来说，其是利用路面使用性能的某一项指标或者综合指标的发展变化，来预测路面使用性能的状态，能反映影响路面使用性能的几种因素的变化。但是确定型模型是直接得到一个确定的结果，直观地反映路面使用性能的状态。路面使用性能受各种各样因素的影响，状态的发展具有很强的不确定性，可能并不会根据预期进行发展，概率型模型就很适合在此时运用。如今使用的概率型模型有马尔可夫模型、半马尔可夫模型和残存曲线模型，马尔可夫模型是研究最成熟、应用最广泛、最完善的模型之一。

（1）马尔可夫模型

马尔可夫模型是由马尔可夫于1906年首次推出来的，该模型最关键的内容在于能够确定出对应的状态转移概率矩阵。对于路面使用性能预测来说，就是计算出在相同外部影响因素下相同结构的路面，在某一段时间内路面使用性能从A状态转化到B状态的概率，A状态、B状态均为路面使用性能的指标。马尔可夫模型中概率矩阵的精度、准确性与被采集的数据的数量、精度有关。利用马尔可夫模型预测路面使用性能时，应先确定好各性能指标的影响因素，为各个路面状态定义，然后在此基础上进行状态转移概率矩阵的计算。利用计算出来的状态转移概率矩阵可以对未来某时段的路面使用性能处于某状态的概率进行预测。利用马尔可夫模型进行预测较为科学，因为其反映了路面使用性能的不确定性，符合路面使用性能的实际情况。而且该模型计算比较灵活，可以根据需要计算任意一年路面使用的状态。但是马尔可夫模型也有一定的弊端，其进行预测利用的是状态转移概率矩阵，相较于利用路面状况性能指标进行预测缺少了一定的直观性。

计算马尔可夫模型中最为重要的状态转移概率矩阵，有三种方法：经验判断法、统计分析法、回归方程法。经验判断法适用于采集的原始数据较少，不够用于构造状态转移概率矩阵的情况，即根据工程师的经验来构造状态转移概率矩阵，故经验判断法受人为因素影响较大，用此方法计算出来的预测值不具有很强的说服力。如果原始数据采集到的比较多，且详细，则适合采用统计分析法进行状态转移概率矩阵的计算。如果采集到的原始数据比较少，但是又不愿采用人为因素影响较大的经验判断法，则可以对采集到的数据进行回归分析，采用回归方程法进行状态转移概率矩阵的计算。

（2）半马尔可夫模型

半马尔可夫模型是在马尔可夫模型的基础上提出来的，使用三个假设，其中“路面使用性能的状态转移是静态的，其概率不随时间的变化而变化”这条假设脱离实际情况太过遥远，几乎不可能发生，为使预测模型更加贴近实际，更科学，将此条假设更改为“路面使用性能的转移状态不全是静态的，在不同的时段会随时间变化而发生变化”，由此构建出来的模型理论，就是半马尔可夫模型理论。对于路面使用性能评价预测来说，半马尔可夫模型在预测时其使用性能状态会由于环境和交通荷载的变化而变化，会更加科学合理，更加符合实际。但由于考虑非静态的原因，半马尔可夫模型的状态转移概率矩阵计算将非常复杂，可操作性大大降低。

（3）残存曲线模型

在路网中存在一些路面，即使已通车多年其路面状况也一直较好，不需要进行较大规模的维修保养甚至改建，这类路面残存的比例随着时间的变化而不断变化，描述这种变化的曲线就是残存曲线。该曲线一般用来进行对路网养护或者改建的设计。

2. 确定型模型

现如今路面管理系统中确定型模型的运用十分广泛，其主要用于预测路网中路面使用性能的基本反映，以及结构性能、功能性能和使用年限。其主要使用力学法、经验（回归）法、力学－经验法进行预测模型的建立。

（1）力学预测模型

力学预测模型是以弹性理论、黏弹性理论为理论基础，分析路面结构在承受环境、交通荷载等因素的作用下产生的应力、应变和位移，建立应力、应变、位移方程，然后通过试验来确定方程中的参数，进而预测路面使用性能的变化衰退。该方法理论基础十分成熟，但由于影响路面使用性能的因素多而杂，且计算过程复杂，计算量较大，在进行理论计算时各种方便计算的假设会使结果变异性增大，造成结果的失真，仅可借此对路面基本情况进行一番了解，故该方法在路面使用性能评价中应用较少。

（2）经验（回归）预测模型

若预测的精度允许，且原始数据数量较为庞大，为避免进行复杂的结构运算，简化计算过程，可使用经验（回归）预测模型。在目前的路面使用性能预测中此方法应用较为广泛，其运用线性回归或者非线性回归，通过研究分析影响路面实用性能因素之间的关系，建立对应的预测模型。随着经验（回归）模型的不断使用，以及计算机、数学相关领域的飞速发展，现如今灰色理论、神经网络、生存分析等均被用于该模型中。这种预测模型的准确度，不仅与采集的原始数据的准确性紧密相关，而且与建模人员对该模型和系统影响因素的认知程度有很大关系。因为在对原始数据进行分析统计求最佳拟合时，要注意影响因素对路面使用性能物理性质方面的影响。并且当原始数据较少、不全面时，应用此方法进行预测，预测结果的偏差会随着预测时期的增加而增大，因为其对路面使用性能随时间衰变的规律不能准确反映。

（3）力学－经验预测模型

力学－经验预测模型是结合上述两种模型得出的预测模型，分为两部分，一部分是建立路面各反应量与路面使用性能指标衰减变化率的经验关系；另一部分是参照力学法确定各个路面结构层的模量值，进而对路面在临界状态下产生的应力、应变位移进行计算。该模型运用专业知识和经验相结合的方法确定模型中的变量，利用使用性能指标的实测数据结合结构分析得出反应参数，然后再利用回归方程确定模型系数。这样不仅使用了理论分析计算，而且参考了实际检测得到的数据,外推性能好。但是由于该模型的构建较为复杂,计算量大,一般适用于项目级路面使用性能预测。

3. 神经网络模型

神经网络模型起源于 20 世纪 80 年代，由于人工神经网络能够进行多参数的反分析问题，故而发展迅速。其优点在于各个神经元之间广泛互联，具备高维性，且能全息联想，其运算速度非常快，且具备一定的自学能力，输入与输出的高度非线性关系这种能力可通过训练、学习得来，用以弥补确定型和线性方法的缺陷，较好地识别确定型的因果关系。

BP 算法被广泛应用于神经网络学习算法中，其利用最陡坡降法将误差函数最小化。输入层、隐含层及输出层三部分组成了 BP 算法结构，层与层结构之间的神经单元均互联，但层内神经元无任何连接。逆向传播误差是 BP 算法神经网络的本质所在，利用该方法计算出的结果误差是由于层间连接的错误导致的，故将输出的结果往上逆推返回输入层，再由输入层逐层向下输出误差，将之前的误差交由各层分摊，以此得到各层的参考误差，再根据得到的参考误差来调整，以此往复该过程进行训练，直到误差最小。

4. 灰色预测模型

灰色理论提出随机变量均具有灰色的特点，故其将采集到的原始数据用一定的处理方式，形成一组规律性较强的生成数据，从而利用这组数据对灰色的随机变量进行研究。故灰色预测模型与其他模型的不同点在于，它是根据数据生成的数量构造预测模型，而不是利用其原始数据，且得到的数据需进行还原后才能使用。

灰色预测模型由于其灰色的特点，所以需要的信息较少，且可以不完全。在运用该模型进行预测时，尽管原数据具有离散性，但该方法具有将其产生的预测与实际值的差异降低的特点，故灰色预测模型的精确度较高。由于灰色预测模型对原始数据的要求较低，且计算过程简便，应用广泛，该模型对短期的预测情况比长期的预测情况精确度要高。

第二节　沥青路面性能评价指标体系

一、国内外沥青路面性能评价指标研究现状

对于高速公路沥青路面的养护决策来说，路面使用性能的评价是做出决策的基础，越准确的评价对路面使用性能的反映越真实，为了让管理者通过评价充分了解路面性能的真实情况，各个国家都进行了大量的试验研究，并建立了多个较为完善的评价体系。

（一）国外路面评价指标研究

在建立道路评价模型方面，美国是最早开始探索的国家，在20世纪60年代，美国国家公路及运输协会为得出较为完善的路面使用性能评价模型，进行了前后十年的试验，最终得到了世界上第一个路面使用性能评价模型——PSI模型，奠定了评价模型的发展基础。根据PSI模型，许多国家和地区，结合当地气候、环境、车流量和施工特点等因素，相继提出了适合当地需求和特点的性能评价模型。如隶属于美国陆军的建筑工程研究院首次提出了扣分法的模型——PAVER系统，该模型先通过对路面破损程度进行观测，再通过一系列的计算确定破坏对总体的影响程度；还有通过路面平整度、裂缝等现场路况检测得到的数据，然后进行研究分析从而对路面使用性能进行评价的亚历桑大路面管理系统；同时有学者将马尔可夫模型与路面使用性能随着时间而衰变的曲线相结合，

对其境内道路进行路面使用性能分析评价。在此基础上还有学者提出马尔可夫预测模型，这些评价模型有如下几个共同点：以路面的裂缝率、平整度和车辙深度为基本指标，然后在依托专家评价技术的基础上进行多元回归，以此得到相应的回归评价模型。但是，由于世界上各个国家或地区所处的位置不同，其气候环境、人文环境、自然环境也有较大的差异，所以各自的评价模型也有一定的差别。

（二）国内路面评价指标研究

为了解决我国公路使用寿命远小于设计寿命，路面在未达到设计年限时就不得不进行大中修以确保道路服务质量的现状，我国某研究所于 20 世纪 80 年代起采集大量河北、浙江的路面检测数据，同时学习国外先进的评价模型，在结合我国公路实际情况后，提出了适合我国国情的高速公路路面使用性能评价模型——RIOH 模型。随后，沥青混凝土被大量使用在我国的高速公路建设上，而原有的评价模型 RIOH 亟待完善。同济大学的姚祖康教授针对沥青混凝土路面平整度、结构强度变化趋势、病害成因等进行了研究分析，总结分析了沥青混凝土与路面使用性能之间的关系，从而提出了适用于我国沥青路面使用性能的评价模型。

随着对路面使用性能研究的不断深入，我国对路面使用性能评价的研究越来越注重其准确性，由于我国的南北跨度较大，温度、湿度等变化较大，单一的评价模型不能够全国适用。此时，姚祖康和孙立军开始针对广州与北京两地不同的环境提出适用于两地的使用性能评价模型，最终在充分学习美国的 PCI 模型后，将国家重点项目作为依托，提出了适用于两地的评价模型。东南大学的周岚采用专家问卷调查和假设检验的方法，结合采集到的大量的现场路况检测数据，改进完善了我国当时使用的《公路技术状况评定标准（附条文说明）》（JTG H20—2007）中的使用性能评价方法，改进了车辙和平整度的评价标准及模型。刘胜强采集了大量的关于浙江高速公路路面性能指标的数据，并对其进行分析研究，深入研究了影响路面使用性能的因素及其成因、发展规律等，最终得出在进行公路路面养护决策时，需控制相应的典型指标。

二、沥青路面性能评价

国外发达国家因其经济发展速度较快，所以在公路建设方面比我国起步早，发展快。发达国家在进行道路工程项目的建设时，前期施工注重质量与品质，后期注重管理和养护。为保证公路能够为人们提供更加便捷安全的服务，一些国家机构相继提出相关道路施工政策，建设人性化和可持续发展的道路工程，并颁布相应的道路管理和养护条例，延续道路使用寿命，减少出现问题时的成本投入。国外对道路养护和管理的相关方法，通常基于道路使用过程，以其寿命周期内的各环节为依据，充分考虑道路需求和对环境产生的负荷，采用新型的管理理念和建设方案，通过创新型手段为道路建设提供科学依据，并在使用过程中通过科学的养护方法和管理方式，兼顾各时期的收益，提高道路的使用性能。

我国为保证城市经济的发展，协调区域经济，保证为人们提供更好的交通服务，通过对道路项目工程和管理的研究，对道路路面的施工提出了严格质量检测的标准，并在执行过程中不断完善，相继提高检测要求并提出新型管理理念，逐渐完善对应的法律法规，建立道路工程项目的施工体系，保证道路交通建设的可持续发展和以人为本的建设理念。

在道路工程建设中，高速公路因其固有的特点，需要采用不同的养护和管理方法。高速公路的养护和监管需要根据实际情况，采用特定的养护方案。

（一）常用沥青路面使用性能评价方法

1. 回归分析法

该方法是搭建起由专家给出的路面性能评分值和实际获取的病害数据之间的关系，并且用多元回归技术将两者的关系用回归方程进行表达。

该方法具有简单、易于操作的优势，但易受地域影响，不容易精准表达两者之间的联系，容易导致评价结果与实测数据具有不强的相关性。

2. 系统分析法

系统分析法以模糊数学法和层次分析法为代表，具备很强的理论性和清楚的分析过程，但由于易受人为影响，具有较大的主观性。

3. 物元分析法

物元分析法采用的是可拓学对路面使用性能进行评价。然而它在建立关联函数时所具有的科学性受到质疑，若两个大小关联度相差不太大则会对其很难确定。

4. 灰色聚类法

算法清晰、能够找到充分的理由依据来支撑、具有较强的应用性是该方法具有的突出优点，然而大多通过规范或有关的标准对灰度阈值取值和两端灰度阈值的确定缺少理论的支撑是其一大缺陷。

5. 模糊综合评价法

模糊综合评价法是对待评价对象的边界划分不明晰、难以用定量值来确定的因素进行定量化，然后通过这些已经被定量化的因素判定评价对象的隶属度等级状况的一种综合评价法。

6. 其他评价法

随着人们对数学模型研究的深入、路面检测技术的日益成熟和计算机技术的日益发展，涌现出了一些新的技术和思想理念，这些技术和理念丰富了评价方法，如神经网络法、属性理论法等。这些评价方法的优点是较好地解决了评价指标复杂模糊的问题，缺点是计算过程比较烦琐，建模比较困难。

（二）高速公路沥青路面使用性能非线性模糊评价

模糊评价为将模糊问题化为确切的数学问题提供了重要的依据和方法，它既能够对数据进行分析处理，也能够对有很多种因素影响的模糊问题进行综合评价和决策。模糊评价决策时，若要对被评价的模糊问题确定其所属等级和评价类别，首先要构建出它的隶属度函数和各个影响因素的权重矩阵，然后基于最大隶属度原则对模糊问题进行评定。沥青路面性能评价指标界限模糊，因而将模糊评价理论引入路面评价体系中。

如果某个指标单单依靠加大权重赋值并不能对评价结果产生影响，则称这种现象为指标的突出影响。它也正是线性加权评价方法的不足之处。更通俗地讲，如果某个指标值很高而其他指标值相对较低的被评价对象在实际情况中被认定为优或差，然而在进行加权平均后，因为其权重影响程度不够，这个指标所具有的突出影响就不能得到显现，从而导致最后的评价结果与实际结果南辕北辙。

基于以上考量，在对高速公路沥青路面的路面性能进行评价时通过非线性模糊评价来判定，该方法能够通过引入各评价指标对传统模糊综合评价法的缺点进行修正，还可根据实际要求对权重向量或指标的突出影响程度系数进行调整，它的模糊矩阵合成算子在用于模糊评价时比线性合成算子具有更好的适用性和灵活性，这克服了线性加权评价时的缺陷。

三、沥青路面使用性能评价指标内容

沥青混凝土路面使用性能评价指标如表 8-1 所示。

表 8-1　沥青混凝土路面使用性能评价指标

指标项	调查指标	评价指标	综合指标
破损	DR	PCI	PQI
平整度	IRI	RQI	
车辙深度	RD	RDI	
抗滑系数	SFC/BPN	SRI	
路面结构强度	SSI	PSSI	

（一）路面破损状况评价指数（PCI）

路面的损害情况可以体现在路面的相关特性上。路面是否可以恢复或者保持其一开始的存在形态取决于车辆的碾压轻重以及外界条件的影响。一般来说，道路完整性评估基于 PCI 标准，而调查标准选择路面破损率（DR），PCI 指数也就是路面损害状态的参考描述。

高速公路沥青路面在建成通车后，承受着反复的行车荷载与不断变化的环境的影响，其原本的路面结构将被破坏。沥青面层表面若出现破损、裂缝、整体平整度下降，将威胁到行车安全与舒适性。同时，路面使用性能的衰变速度将越来越快，致使路面的使用寿命大打折扣，所以需及时进行适当的维修保养，使路面保持原有的使用性能。通常采用 PCI 和 DR 评价路面的破损情况，其计算方式如下：

$$\mathrm{PCI}=100-a_0 DR^{a_1} \tag{8-1}$$

$$\mathrm{DR}=100\times\frac{\sum_{i=1}^{i_0}\omega_i A_i}{A} \tag{8-2}$$

式中，DR——路面破损率（%）；

a_0——沥青路面采用 15.00；

a_1——沥青路面采用 0.412；

A_i——第 i 类路面破损的面积（m^2）；

A——路面检测或调查面积（m^2）；

ω_i——第 i 类路面破损的权重或换算系数（如表 8-2 所示）；

i——路面损坏类型，包括损坏程度（轻、中、重）；

i_0——损坏类型总数，沥青路面取 21。

表 8-2 沥青路面损坏类型、程度及权重

类型	损坏名称	损坏程度	权重	计量单位
1	龟裂	轻	0.6	面积（m^2）
2		中	0.8	
3		重	1.0	
4	块状裂缝	轻	0.6	
5		重	0.8	
6	纵向裂缝	轻	0.6	
7		重	1.0	
8	横向裂缝	轻	0.6	
9		重	1.0	
10	坑槽	轻	0.8	
11		重	1.0	
12	松散	轻	0.6	
13		重	1.0	
14	沉陷	轻	0.6	
15		重	1.0	
16	车辙	轻	0.6	长度（m）（影响宽度：0.4 m）
17		重	1.0	
18	波浪拥包	轻	0.6	面积（m^2）
19		重	1.0	
20	泛油		0.2	
21	修补		0.1	

（二）路面行驶质量指数（RQI）

路面建设好后使用性如何直接表现为车辆行驶时的感觉，同时也是人们对社会提供的最基本服务的一种直观体会。所谓舒适度实际上就是路面性能表现的一个重要的参考指标，能够对其产生较大作用的是路面平坦的程度。路面平坦的程度不但能够对舒适度有作用的能力，而且对安全性能、油耗程度、各部件的伤害程度、速度表现等都有作用能力。

为保障路面的行驶安全，保证行车的舒适性，道路行驶质量是关键。其中影响路面行驶质量最大的因素是路面的平整度，其次是车辆悬挂系统。良好的路面行驶质量不仅给道路使用者提供了一个安全舒适的出行环境，还能节省车辆的油耗和道路的养护费用。随着车辆性能不断发展提高，全民的生活出行标准越来越高，对路面行驶质量的要求也越来越高，所以保持路面拥有良好的行驶质量非常必要。RQI 的计算方法如下。

$$RQI = \frac{100}{1 + a_0 e^{a_1 IRI}} \quad (8\text{-}3)$$

式中，IRI——国际平整度指数（m/km）；

a_0——高速公路和一级公路采用 0.026，其他等级采用 0.0185；

a_1——高速公路和一级公路采用 0.65，其他等级采用 0.58。

沥青路面行驶质量评价标准如表 8-3 所示。

表 8-3　沥青路面行驶质量评价标准

评价指标	优	良	中	次	差
RQI	≥ 90	[80，90）	[70，80）	[60，70）	＜ 60
IRI（高速公路、一级公路）	≤ 2.3	（2.3，3.5]	（3.5，4.3]	（4.3，5.0]	＞ 5.0

（三）路面车辙深度指数（RDI）

沥青材料本身是具有弹性的，在持续高温的情况下，车辙这种形态变化很容易形成，这是由于沥青本身承受的力度会降低，进而影响它的抗变形能力造成的。因此，车辙是车辆轮胎长时间不停地在路面上行驶造成的路面形态变化，并且是永不消退的。除了高温，大重量的交通运输和划线分割车道等都会引起车辙产生。车辙的出现会带来严重的影响，首先车辆在行驶时未按形迹驾驶，使用者的主观感受就会不太舒适，会感到震动；其次伴随着车辙的产生路面会形成沟槽，严重影响着车辆行驶的安全，尤其是在降雨、冬季结冰等恶劣天气下，车辆的发动和行驶时的稳定性也会受到影响。

车辙的出现使得路面的舒适性和安全性大打折扣。例如，在高速路面上，若存在较深的车辙，降雨后车辙槽里将积水，此时若车辆以较高时速行驶，那么在车轮与积水接触的瞬间，车轮与路面间将形成一层薄薄的水膜，隔断了其直接接触，摩擦力接近消失，易发生侧滑，导致事故发生，故 RDI 是路面性能评价中很重要的指标，计算公式如下：

$$RDI = \begin{cases} 100 - a_0 RD (RD \leqslant RD_a) \\ 90 - a_1 (RD - RD_a)(RD_a < RD \leqslant RD_b) \\ 0 (RD > RD_a) \end{cases} \quad (8\text{-}4)$$

式中，RD——车辙深度（mm）；

RD_a——车辙深度参数，采用 10.0；

RD_b——车辙深度参数，采用 40.0；

a_0——模型参数，采用 1.0；

a_1 ——模型参数，采用 3.0。

（四）路面抗滑性能指数（SRI）

路面是否具有防止轮胎滑动和缩短刹车距离的能力，直接关系到行车的安全性高低。车辆在路面上高速行驶，若路面抗滑性能较差，在紧急刹车时，刹车距离将变长，危险发生的概率将大大提升。特别是在雨天或者路面湿滑的情况下，轮胎与路面之间将形成一层水膜，大大降低两者之间的摩擦力，轮胎打滑出现的概率大大提升，易造成车辆失控导致事故发生。SRI 计算公式如下：

$$SRI = \frac{100 - SRI_{min}}{1 + a_0 e^{aSFC}} + SRI_{min} \tag{8-5}$$

式中，SFC——横向力系数；

SRI_{min}——标定参数，采用 35.0；

a_0——模型参数，采用 28.6；

a_1——模型参数，采用 -0.105。

（五）路面使用性能指数（PQI）

PQI 是路面使用性能的综合指标，它反映了路面表面的综合运营性能，也是高速公路管理者衡量不同路段路面服务水平，进行养护决策的依据之一。高速公路路面使用性能评价指标体系分为三个层次，如图 8-1 所示。

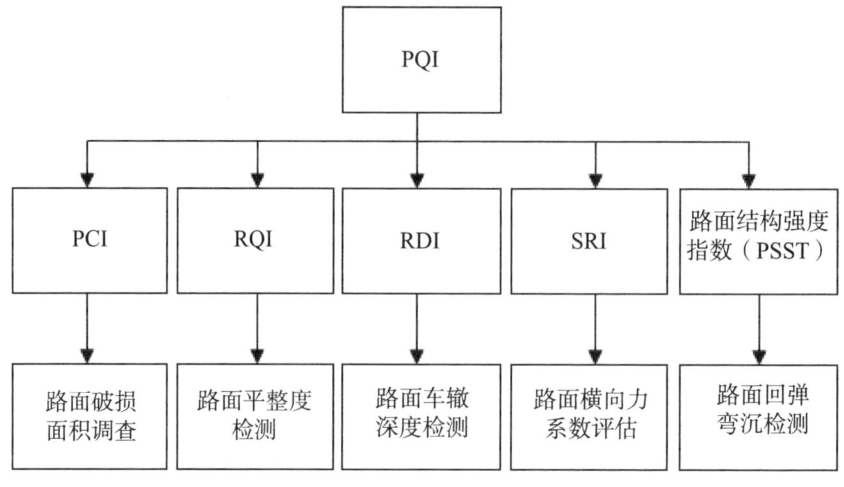

图 8-1　高速公路路面使用性能评价指标体系

虽然我们对路面使用性能的单项评价有了一定的了解，但是路面的使用性能评价不能仅由一个单项指标来确定，而需要一个综合的全面的评价指标。PQI 就是用于对路面使用性能进行总体评价的，它是由各项单项指标加权算数平均值计算出来的，计算公式如下：

$$PQI = \omega_{PCI}PCI + \omega_{RQI}RQI + \omega_{RDI}RDI + \omega_{SRI}SRI + \omega_{PSSI}PSSI \tag{8-6}$$

式中，ω_{PCI}——PCI 在 PQI 中的权重；

ω_{RQI}——RQI 在 PQI 中的权重；

ω_{RDI}——RDI 在 PQI 中的权重；

ω_{SRI}——SRI 在 PQI 中的权重；

ω_{PSSI}——PSSI 在 PQI 中的权重。

第三节　沥青路面性能检测

一、高速公路路面性能检测研究现状

路面性能检测针对的是路面表面病害和使用性能，包括路面调查、结构强度检测、路面抗滑性检测、钻芯取样试验等。依据检测手段可将其划分为传统人工检测和自动化检测两类，其中传统人工检测主要应用于低等级和低交通量道路，在高速公路检测中由于工作量大，且人工检测需要考虑封路、安全等问题，因此采用较少。

为满足高速公路检测的需要，研究人员开发了车载自动化检测设备，提高了检测的安全性和高效性，早期自动化检测设备包括法国研发的路面损坏自动测量系统、日本研发的路面损坏自动测量系统、美国路面裂缝评价系统、澳大利亚的快速检测系统等。我国高速公路自动化检测设备包括：武汉武大卓越科技有限责任公司的路面自动检测车，采集几何线形、路面病害、平整度等指标，处理过程中采用计算机自动识别和复杂裂缝人工识别相结合的方式；哈尔滨工业大学研发的多功能道路检测车，其实现了检测数据与道路信息管理决策系统的无缝对接。

由于自动化检测具有检测速度快、全幅检测的优势，其已成为高速公路路面表面状况检测的主要手段。而钻芯取样检测不但是传统检测手段之一，也是直接评价路面服役性能的最有效手段之一，它是路面检测必不可少的手段。

除了路面长期性能研究采用钻芯取样外，沥青路面短期性能老化研究也采用该方法。为比较温拌沥青混合料和热拌沥青混合料服役性能的差异，研究者采用 OT 试验检测服役 15 个月后的温拌沥青混合料和热拌沥青混合料的开裂性能，发现两者没有明显差异；比较两者的间接拉伸强度，采用俄亥俄州服役 3 个月和 46 个月的路面芯样进行试验，得出服役 3 个月的温拌沥青混合料间接拉伸强度高于热拌沥青混合料，服役 46 个月的热拌沥青混合料的间接拉伸强度高于温拌沥青混合料，由此可知随服役时间的延长，热拌沥青路面的黏合剂老化程度高于温拌沥青路面。

钻芯取样检测在我国路面检测与性能评价中也是必不可少的一项内容，但检测指标较少，芯样利用率较低。这主要局限于路面压实度检测、施工级配与设计级配偏差检测和面层厚度检测。在我国路面性能检测与评价中，钻芯取样更多用于肉眼判断路面结构的完整性，以及凭借经验判断层间结合状况；或在病害处钻芯确定病害发展的情况，但并未对芯样进行客观、定量的分析。相比于国外利用路面服役芯样进行长期性能和短期性能的研究，我国路面取芯检测仅对芯样表观特性进行分析，或评价结构层间的剪切性能，并未对其力学性能进行研究。主要原因是我国公路技术状况评价的核心是路面使用性能，并以此作为养护决策的依据，但实际路面服役性能并非仅仅是使用性能，路面使用性能是保证路面满足驾驶需求的“底线”，而决定路面服役性能和服役寿命的内在要素是沥青混合料的材料性能。

综上所述，钻芯检测在我国检测中的应用时间较久，但芯样利用率低，仅在施工阶段检测芯样密度用于现场压实度测量，在运营阶段测量芯样厚度用于探地雷达厚度检测矫正，或目测观察芯样确定路面病害发生的具体结构层，并未对路面芯样进行室内力学试验检测，进而评价路面芯样材料性能，获取路面真实受力情况和服役状态。因此以路面芯样为研究对象，通过室内试验检测与路面使用性能评价，可为养护决策提供科学依据。

二、路面性能检测内容

我国公路行业在裂缝、车辙等病害的快速检测技术方面成熟度较高，而对变形类病害如拥包、坑槽等的检测技术仍有相对较大的研究和发展空间。

（一）路面损坏检测

当前主要研发企业的设备也都基本上通过高分辨率的、高速的摄像系统采集路面平面图像，通过分析路面裂缝等定量统计路面损坏状况。

路面损坏检测装置一般位于车载平台尾部，硬件主要包括采集相机、辅助照明系统以及高速率的存储系统等。采集相机为 CCD 线扫描相机或面阵工业相机，使用通用接口，并且相机频率的选择可综合考虑现场检测的环境条件等，如选择 36 kHz 的线扫描相机就可以满足达到 120 km/h 的速度要求。采集相机的工作模式一般为外触发模式，外触发信号由 DMI 为相机提供，选择无影灯、线激光器、LED 或闪光灯提供辅助照明，采集的数据存储在服务器中。

由于在当前技术条件下，裂缝识别并不能完全实现计算机自动识别，相当多的检测系统虽然实现了计算机自动筛选、自动识别等功能，但人工干预、人工抽检等仍然需要进行。因此，为了便于进一步提高裂缝识别率，降低人为工作量，对病害图像的获取要求提升至使裂缝图像清晰明显。在生产生活实际中发现，交叉补光的方法是一种行之有效的方法，被多数主流设备采用。该方法是利用检测平台高分辨率线扫描相机和大功率线激光器各两台，左右对称分布，工作时左右激光器分别为相对侧布置的相机进行拍照补光，与此同时激光器和路面也存在特定夹角。在补光光线照射下，由于路面裂缝一般都具有不同程度的深度，便会产生相应的裂缝阴影，裂缝阴影在采集的路面图像中反映的灰度值会显著低于其他区域，由此可以较为真实地反映路面裂缝病害，为人眼识别提供方便，也为计算机图像自动识别奠定基础。

线扫描相机结合线激光器的方式由于在能耗、安装、实际采集质量等诸多方面均优于其他方式，现被国内外主流的路面损坏采集设备采用。为使采集的图像分辨率可以达到 1 mm，通常线激光器红外波长选大致为 808 mm，相机的选择需要在相对应光谱特性范围内。利用无影灯实施辅助照明由于结构复杂、功率大、能耗高，对安装和后期维护便利性不足，同时高速行驶易损坏等缺点，无法充分满足工程生产实际需要。LED 辅助照明也同样出现了大功率、高耗能，且散热问题不好解决等问题，这就存在较大的安全隐患。实现方法是采用面阵工业相机结合高频闪光灯。但由于闪光灯能耗大，存在较大的安全隐患，目前已相对较少地应用于工程实际。

路面损坏数据采集的目标是通过对路面的损坏数据统计分析，判定路面损害的程度，对各类的图像采集方式而言，本质上的核心问题是要对照获取的路面图片数据从中量化分析路面病害程度。对于数据采集，检测设备对裂缝的分辨精度需超过 1 mm，同时用计算机自动识别检测结果，准确率应在 90% 以上。但现实是，在任何情况下准确分辨 1 mm 的裂缝是不能得到保证的。对于路面裂缝的自动化识别问题，从提出这类标准到寻找到某一科学的应用范围都是亟待解决的难题，没有足够的佐证材料能够表达或者寻找到某一科学合理的算法或者软件系统能够在复杂的道路环境下做到普遍性的适用，做到全口径、全路况的数据采集工作，并且满足自动识别率能超过 90% 的标准。当前路面识别实际采用的图片分析处理方法还是以人工处理为主。在实际的应用以及各类学术探讨会议或者产品推荐会议中均反映出，在当前技术手段以二维平面路面图像的病害采集和识别为主的前提下，采用先分类后识别的处理方式变成了最具操作性的方案。通过划分无路面病害和可能疑似路面病害两种类别将路面图片先期进行快速分类，在保证无路面病害图像筛查准确的前提下，既能够大规模降低数据处理的工作量，又能够同时将数据处理的工作重点聚焦在存在病害的图片上，从而提高图片处理的效率。

（二）路面平整度检测

平整度检测设备根据检测原理可划分为断面类和响应类两种，其中响应类检测仪通过记录道路引起车辆震动的竖向位移或者加速度，可间接获得平整度指标。常用设备是车载式颠簸累积仪、断面类仪器。利用 3 m 直尺和连续式平整度仪测量平整度的优点是结构简单，容易操作；缺点是速度慢、效率低、受人工影响因素准确率不高，目前能够较好地开展路网级平整度检测的技术是激光路面平整度法。

激光断面法检测平整度是通过将激光传感器、加速度计、陀螺仪等集成在检测车上，通过计算机直接采集路面信息，最后输出检测结果实现对平整度指标的检测。非接触式检测方法的优点是效率高、速度快，能够进行大规模的路况评定工作，且保持较高的检测精度，自动化程度高从而规避了人为影响。

目前，我国各单位研发的公路路况检测评定集成设备都能够进行路面平整度的快速测量和 RI 指标的快速计算生成，技术路线也大致都是基于惯性基准采用激光断面测量方法。

尽管激光检测表现出众多的发展优势，但也同样存在一些局限性。在普遍都是在高速且匀速连续不间断检测的前提条件下，激光检测更多的是面向高等级公路路面技术状况而研发设计的。面对交通流量日益增长，道路通行压力显著增加的现实情况，检测速度并不能始终严格地保持匀速。周晓青在探究国际平整度指数同行车速度的数学关系时，得到相关联图表，最终分析确定，IRI 与测量速度并不能完全考虑成为单调线性增长关系，受同车载平台整体系统自振频率控制，其变化趋势既需综合考虑速度因素，也需考虑路面不平整时的波长。为了使平整度检测在实际道路通行条件下能够更加接近真实值，研究路面平整度波长及加速度在变速工况下的受影响变化趋势，使测量方法和数据处理算法得到改进，不无裨益。

（三）路面车辙检测

路面车辙是路基和路面在车辆载荷的反复作用下产生的塑性变形的积累，是在路面轮迹上留下的永久压痕，是沥青路面又一个主要病害形式。根据形成的原因不同其可以分为结构性车辙、流动性车辙、磨耗性车辙等几个类型。路面沥青面层及基层产生的变形或者塑性流动是产生车辙病害的主要原因。由于路面车辙内积水容易造成车辆打滑和抗滑不足，影响安全行车，且车辙是路面病害的主要形式之一，所以路面车辙检测可以准确地度量路面行驶质量衰减的程度水平。

1. 激光断面仪法

目前国内公路检测行业普遍使用的车辙测量仪器是激光断面仪，通过水平横置激光测距传感器实现对道路横断面的测量。传感器设置数量直接影响测量的准确度。当设置的数量 n 增加时，测量最大误差会随着 n 的增加而不断减小，当 $n < 21$ 时，曲线切线斜率较大，表明缩小误差的程度较显著，$n > 33$ 后，曲线趋于平缓，表明缩小误差的程度不显著。因此，为了提高路面车辙的检测准确度，n 的取值至少要为 21，这样才能在一定程度上确保路面车辙的最大误差不超过 5%。但是这样选择的缺点是使用成本偏高。

激光断面仪法在模拟公路横断面的计算过程中，由于激光距离传感器设置的数量有限，在实际检测过程中，车辆及仪器运行状态等需进行修正，由于采集信息拟合的断面同实际情形相关性较低，车辙深度的测量容易有偏差。试验研究表明，当激光断面仪的激光器设置成 5 个时，同水平仪测量比较，两者的相关性不足 0.4。同时，尽管沿路线纵向的采样率可以通过采用高频率的激光测距传感器予以保证，能够得到接近实际的横断面信息，但惠冰认为，受制于横断面的多样复杂性，各车辙类型影响路面结构的能力，不能仅从测量车辙深度值得到体现，并且，路表和车胎之间的实际作用情况也不能体现，对车辙的评价与养护处置方案的确定等指导意义不强。

综上所述，激光断面仪法在远期公路路面管理和养护工作中得到推广使用仍受制于其自身测量误差较大、横断面与真实值偏离、检测幅宽不能满足实际需求等缺陷。

2. 激光三角法

现阶段激光三角法测量路面车辙被广泛应用于车辙检测设备中。该方法利用激光器、被测表面、CCD 相机接收装置三者构成的几何三角形实施，入射激光在表面被反射，有 CCD 相机予以接收。当公路表面的高程突变时，CCD 相机所接收的光电位置同样发生变动，这样的变动就为路面车辙测量、平面高程的变化提供了便利。相机和激光器同被测表面均存在一定的角度关系，特别地也可以设定某一个设备和地面垂直。

3. 三维断面法

三维断面法测量路面车辙原理和激光三角法测量原理相同，都是在硬件设施上的升级。普通 CCD 相机拍照后需增加提取反射线，得出被测表面的断面信息，而三维相机则把这一过程集成在硬件基础上，直接输出断面信息。由于多数三维相机没有开放编程程序，上述过程的算法已经封装在传感器内部，在具体实践中受光照等因素干扰，断面输出结果会出现误差。

虽然三维相机具有局限性，但在技术跨越式进步的情况下，使用该方法开展路面车辙测量将会成为公路检测事业未来前进的方向。

（四）路面抗滑性检测

公路路面抗滑性对交通运输车辆的行驶安全关系重大，是评价公路路面行驶质量的又一项重要指标。一般情况下，影响这项指标的主要因素为路面集料自身的抗磨光性能、集料间形成的构造深度、路面的潮湿状况以及行车速度等几个方面。路面抗滑性指标检测方法主要有两种，即实验室条件下的摆式仪法和适用于自然条件下的横向力系数测定法。我国目前主要利用横向力系数测定法完成抗滑性的测定。

横向力系数检测由标准测试橡胶轮、系统数据采集控制单元和路面喷水组件等组成，在检测行进过程中，通过喷水口将水箱中的水均匀地洒布在测试轮的轮迹上，测试轮在检测车辆的拖拉下，由于同行车方向存在一定夹角，即受到横向摩擦阻力的作用，通过对该横向力的测定，根据作用在标准试验轮上的载荷，即可得到用于表征路面抗滑性的横向力系数。横向力系数检测车的检测速度能够达到 80 km/h，数据系统记录路面横向力系数值、瞬时行车速度、测试行进距离等数据的间隔可以做到每十米一个，计算系统可以很快地计算出 SRI 的值。该检测方法由于检测速度快，操作便利，且不影响公路运营，因此被广泛地应用于路面抗滑性的测定中。

（五）快速弯沉检测

对于路面结构承载能力的检测，判断结构潜力、分析路基路面损坏原因被最先纳入考核的指标，这同我国结构设计方法具有很大关系。在实际的养护管理生产中，及时掌握公路设施服务潜力，预测结构的剩余寿命，通过分析判断造成路基路面强度不足的原因，就能够预测未来趋势，对采取科学手段控制工程质量、科学决策支撑养护工程意义重大。利用检测弯沉值来研究路面结构承载能力，在实际工程中应用比较广泛。其主要检测手段为贝克曼梁检测、自动弯沉仪检测和落锤式弯沉仪检测三种。贝克曼梁作为交工、竣工验收的标准方法，其工作原理相对简单，但受人工操作、梁自身支点变形以及需要综合考虑检测环境温度的修正等影响，不适用于大范围的检测情形；自动弯沉仪是在贝克曼梁理论的基础上，对试验方式进一步优化整合，进行连续检测，工作效率得到了很大的提升；落锤式弯沉仪的出现基于为了模拟汽车快速行驶的实际情况。如今开发的动态弯沉测量仪器，产生的应力、应变和弯沉符合实际交通荷载，试验过程自动化程度高，减少了人为因素；大大降低了劳动强度，提高了工作效率。此仪器具备的后期检测数据评定处理容易等优点，使其很快成为路面强度无损检测的先进设备之一。

近年来，国内外快速弯沉技术日趋成熟，逐步向更为高级的激光无损检测发展。激光动态弯沉测量系统由牵引车和集中承载安装检测传感器方舱的挂车两部分组成，测量设备均安装于该方舱内，同时提供测量需要的支持环境并施加至少 10 t 的荷载。测量设备由速度测量模块、姿态测量模块和辅助测量模块组成，并被安装在方舱内的刚性横梁上。速度测量模块由 4 ～ 8 个激光多普勒测振仪组成。姿态测量模块由 3 个光纤陀螺仪组成，光纤陀螺仪用于测量横梁俯仰、横滚和航向角速度等参数。辅助测量模块由红外测温仪、高精度 GPS 仪、DM 测量单元等装置组成，分别实现路面瞬时温度、系统授时和定位信息、车辆行驶速度等参数指标的测量。

激光动态弯沉测量系统可在正常通行速度下连续无损测量路面弯沉，实现路网级高密度测量。此类快速弯沉测量方法工程适用性好，有望成为未来路面弯沉检测成熟技术的研究方向。

三、路面性能最佳检测时机的动态确定

高速公路沥青路面性能检测最佳时机的确定如图 8-2 所示。

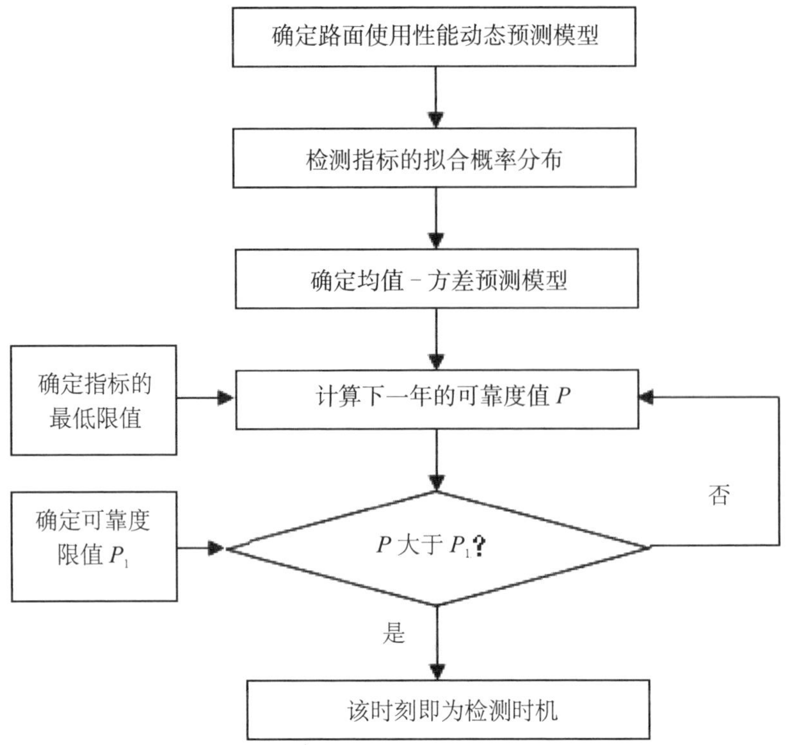

图 8-2　沥青路面性能检测最佳时机的确定

第四节　沥青路面典型结构与可靠度分析

一、国内外沥青路面典型结构研究

国外在路面典型结构的研究上起步较早。美国和法国最先提出了路面典型结构的概念，随后其他国家如德国、英国和南非等也相继对路面典型结构做了大量的研究分析。

（一）美国典型沥青路面典型结构研究

美国沥青路面典型结构的设计最早以半刚性基层为主，到了 20 世纪中叶，半刚性基层已经在美国的路面结构中普遍使用。然而到了 20 世纪 70 年代，随着对路面结构研究的深入，美国逐渐减少了半刚性基层的使用，更多地利用沥青稳定粒料作为沥青路面基层的结构形式。到了 80 年代末期，美国又开展了对公路沥青路面长期性能的研究。通过调查若干条沥青路面与水泥混凝土路面，发现了影响路面结构使用性能的重要因素，这为今后沥青路面典型结构的研究提供了重要的数值依据，为后续路面结构的研究开辟了新道路。到了 20 世纪 90 年代，美国开启了公路战略计划，该计划主要是对高性能沥青路面结构进行研究，在沥青混合料的路用性能和材料试验方法之间建立了对应关系，使得各项材料试验指标能够直接模拟出沥青路面的性能状况，从而可以直观反映出该筑路材料的路用性能。进入 21 世纪之后，美国的一些道路研究机构逐渐转向对长寿命沥青路面结构的研究，该研究采用的主要方法是通过增加沥青路面厚度来延长路面使用寿命，采用的主要结构是全厚式沥青路面结构和加厚式沥青路面结构。与此同时，该研究提出半刚性基层路面结构已经不适合在较重交通荷载等级的道路上使用。

（二）法国沥青路面典型结构研究

法国对典型路面结构的研究开始得也比较早。20 世纪 70 年代初期，法国主要采用以下三种路面典型结构。

①在沥青混合料面层与无机结合料稳定类基层之间加设级配碎石基层的倒装结构。

②增加一层沥青稳定碎石层的组合结构。

③基层采用无机结合料稳定类材料的复合结构。

到了 20 世纪 90 年代，法国路面结构协会通过研究发现了无机结合料稳定类材料作为基层筑路材料的缺点，同时指出半刚性基层虽然能提高基层的承载能力，但这并不代表能够提高路用性能。

（三）德国沥青路面典型结构研究

德国也同样认为不可以直接将半刚性材料作为沥青路面结构的基层。德国主要采取沥青路面柔性结构，面层厚度较其他国家偏大，一般情况下为 25 cm 左右，同时只允许将半刚性材料用于底基层，且厚度不可过大，一般为 15 cm 左右。不把半刚性材料用于基层是因为会造成基层的疲劳开裂，进而影响路面结构的使用寿命，所以德国高速公路大多都采用厚面层、沥青稳定碎石基层的路面结构。

（四）英国沥青路面典型结构研究

英国的沥青路面典型结构也大多采用柔性基层，且大部分为长寿命路面结构。长寿命路面结构在设计使用年限内路用性能和耐久性能都较好，因此一般情况下该路面结构在环境和荷载的作用下基本不会受到损坏，同时其强度还会随着时间增加而增强，因此该路面结构具有很长的使用寿命。

（五）南非沥青路面典型结构研究

南非经济较为落后，在交通方面投入较少，一般采用 3 ～ 5 cm 薄层沥青作为路面材料，采用沥青稳定碎石或者级配碎石用作基层材料，采用水泥稳定碎石作为底基层材料。

（六）中国沥青路面典型结构研究

我国沥青路面典型结构研究工作相对国外而言开展得比较晚，但是近几十来年，我国的道路工作者在路面典型结构的研究上也做了大量的工作，取得了丰硕的成果。20 世纪 80 年代末期，一些省市已经着手对路面典型结构进行研究，如湖南省在对沥青路面典型结构进行研究时，推荐了半刚性基层沥青路面在不同交通量和土基强度下的组合结构，同时论证了所推荐典型结构的可靠性，最终确定了典型结构的设计图式，这些对半刚性基层沥青路面典型结构的研究均偏向于理论性和原则性，虽然具有一定的指导意义，但是没有考虑各个地区的实际情况，实用性欠缺。

20 世纪 90 年代中期，国内的一些省市根据各地的实际情况，有针对性地开展了对沥青路面典型结构设计的研究。1997 年，韩凤华等以安徽省二级及以上公路为依托，对公路状况进行了调查分析，最终提出了适合本省的沥青路面典型结构，并论证了典型结构适合该省气候水文、交通和材料供应的情况，实现了路面设计定型化、图表化，使路面工程质量大大提高。2004 年，杨永红对甘肃省黄土地区的高等级公路进行了分析研究，划分了交通量等级和土基强度等级并测试了各项材料参数，最终对该地区的沥青路面典型结构进行了研究，提出了适合该地区的路面典型结构。2004 年，邓绍玉结合辽宁省的实际情况，以干线公路的合理结构为依据，对路面结构和使用状况进行了调查分析，结合辽宁省的筑路经验及该地区的气候、材料供应情况提出了适合该省的沥青路面典型结构和设计指南。2005 年，李健华调查分析了沙漠地区的路面结构和使用状况，并通过试验测试了沙漠地区的各项材料参数，并结合该地区的交通参数进行分析计算，最终推荐了沙漠地区的沥青路面典型结构，供设计、施工使用。2011 年，谢海巍以新疆沥青路面为依托，对该地区的路面结构和交通量等参数进行了系统分析，并对交通量等级进行了划分，最终结合该地区的气候状况对不同道路等级推荐了典型结构。2013 年，路鑫等结合陕西省的筑路材料、气候条件和交通状况等，推荐了适合陕西省的沥青路面典型结构。2018 年，严建荣以西藏地区的公路建设为依托，通过研究该地区的路面结构和筑路材料，推荐了适合西藏地区的路面典型结构。

综上所述，全国多个省份都制定了适合该地区的沥青路面典型结构，下一步研究则需把沥青路面结构设计和各地的实际情况有效地结合起来，从而显示出典型结构设计的优点。

通过与国外的沥青路面结构设计方法及结构研究进行对比分析发现，我国沥青路面结构设计还存在以下问题。

①目前我国对重载沥青路面结构设计的趋势是增加沥青层厚度，但是由于我国是发展中国家，各个地区的经济发展水平不均衡，所以盲目地在全国各地都采用加厚式沥青路面结构势必会造成较大的经济负担，不利于我国交通行业的发展。

②目前我国对风积沙地区沥青路面典型结构的研究甚少，而且缺少对路面结构全寿命经济周期的分析。

二、沥青路面典型结构分析

（一）半刚性基层结构

半刚性路面基层是我国传统的公路路面基层结构之一，具有较高的模量，路面弯沉较小，应力扩散效果较好，应变较小，承载能力较大，有利于保持路基处于良好的工作状态，因此应用广泛。该基层结构一般常用无机结合料及稳定岩土类材料，后者在最佳含水量下经碾压密实胶结固结成型，形成具有较高抗压强度和刚度的结构层。岩土类材料可以是土壤、砂石、矿渣等，无机结合料一般以水泥为主，可以添加诸如钢渣、粉煤灰等，在低等级公路上也有采用石灰稳定的。

长期以来，发展中国家公路建设指导思想一般选择的是“强基薄面”理念，实践证明这种设计理念带来的实效是降低了公路建设造价，但无法从根本上解决公路质量通病，如温缩、干缩、开裂严重，在裂缝顶端产生较大拉应力并且集中造成基层裂缝沿面层底部向上反射直至贯通。虽然，公路建设者已经逐步认识到这种设计理念的弊端，虽然在高等级公路设计中，逐步加厚了沥青路面的厚度，甚至超过 18 cm，但是反射裂缝仍是不可避免的，水的渗入将在行车荷载作用下，形成水力冲刷，将结构中的细料唧出，造成结构松散失去板体性，导致半刚性基层结构破损。基层与面层界面水的存在，还会造成沥青面层底部拉应力超限破坏，并延伸至面层造成整个路面结构的破坏。这就是路面的整体结构性破坏，这时除了改建，尚无更好的养护维修方法。

（二）柔性基层结构

1. 无结合料级配集料结构

天然级配的砂石料结构、人工级配的碎石结构，以及矿渣集料结构都可以归类到无结合料级配集料结构，属于柔性基层机构，是公路路面基层的一种典型的柔性基层结构。无结合料级配集料结构可以有以下三种铺筑方式。

第一，在路基顶部设置持力层，作为路基排水层和路面基层内部盲沟，其具有很好的排水工效，也是很好的柔性基层，在其上再设置沥青稳定类基层或者水泥稳定类基层，可作为整体路面基层结构。如果路面面层采用水泥混凝土结构即可直接铺筑；如果路面面层采用沥青混凝土结构，在路面基层结构之上，还需设置连接层和应力吸收层等。

第二，可以将这一层铺筑在半刚性基层结构之上，形成刚性的强度倒装结构，其优点是可以作为半刚性基层的应力吸收层，减少和消除半刚性基层对沥青面层引起的反射裂缝。但是柔性无结合料集料基层强度不足是我们在设计中要充分注意的问题，强度不足，刚度自然也不足，抵抗变形能力差，容易产生塑性变形的累积。因此，在设计中一定要保持该结构层足够的厚度，在施工中要重型振动压实。这种基层设计，建议在面层设计中增设一层沥青混合料或黑色碎石的连接层，以提高路面基层与面层的一体化稳定性。

第三，无结合料级配集料结构作为轻型交通公路的上下路面基层结构，作为中等交通公路路面的下层结构都是比较理想的结构层，施工简便，造价低廉，排水性好，可消除应力反射，减少面层裂缝。

2. 沥青稳定集料基层

以少量的沥青或低标号的沥青稳定天然级配的砂石料和人工级配的碎石或矿渣集料等，作为柔性路面的柔性基层结构材料，具有较好的工程性质。

第一，具有路面基层与面层结构材料的近似性，荷载传递、应力变化由大至小符合结构层的变化，具有应变变化的协调性。

第二，基层、面层同属于沥青混合料结构，构成广义上的全厚式沥青路面结构，具有施工与养护的一致性，减少了施工与养护的机械设备，降低了建设与养护费用，加快了建设工期，缩短了养护与维修时间。

第三，沥青稳定集料基层结构由于其相对刚度较小，半刚性基层抗剪强度、抗弯拉强度和耐疲劳强度很好，不易产生收缩开裂。

因此，沥青稳定集料基层得到了比较广泛的应用，拥有沥青混合料路面（路面基层 + 路面面层）整体式、全厚式沥青路面的发展趋势，进一步提高沥青稳定集料基层结构强度是今后研究的方向。

（三）刚性基层结构

作为路面基层结构，甚至下面层结构，刚性基层具有强度高、刚度大、抗水损能力强等优点，缺点是在路基不均匀沉降集中荷载下易折断板和开裂。但使用寿命长是其最大优点。处理好与面层的连接层和应力吸收层问题，配合沥青混凝土结构，是长效公路的理想路面结构。

刚性基层适用于重交通、特重交通等的公路工程中。实际上，由于超载运输现象十分普遍和严重，完全可以考虑选用刚性基层修筑部分高速公路。没有足够的基层强度，就无法满足机场配套公路较大的交通荷载对承载力的使用要求，就难以保证路面的耐久性和使用寿命。因此，为了实现路面的长效化，基层应有足够的承载力，足够的强度与刚度。强度不仅要有较高的抗压强度，还必须有足够的抗折强度，以及稳定的基础。众所周知，土工材料具有较高的抗压能力，而抗拉、抗折、抗弯能力显得不足，因此，就必须有一个整体稳定的基础，即便有沉降产生也是整体沉降，如此，才能确保路基路面的高强稳定性。

（四）“半刚性 +”或“刚性 -”基层结构

柔性基层与半刚性基层和刚性基层有两点明显的区分：一是采用无胶结料的集料作为柔性基层，二是采用沥青稳定集料作为柔性基层。但是刚性和半刚性基层的区分并没有严格的界限，如果用拌和碾压水泥稳定混合料和浇筑振捣水泥混凝土作为二者的区分倒也说得过去，但是并不十分严格。拌和碾压水泥稳定混合料在水泥含量高、集料级配好和最佳含水量下，再加上配合合理的施工工艺和碾压方式，也可形成强度高、刚度大的碾压混凝土，也能达到刚性基层标准。

介于刚性与半刚性之间，“半刚性 +”或“刚性 -”的基层结构的水泥含量介于刚性与半刚性之间，取水泥含量为总集料用量的 8% ～ 12%，用低标号水泥混凝土中水泥用量减这一含量，再用粉煤灰对其进行填补，再加上设计级配的粗、细集料和最佳含水量，经拌和碾压或浇筑振捣形成的水泥稳定混凝土结构，便是“半刚性 +”或“刚性 -”的基层结构。

这种“半刚性 +”或“刚性 -”的基层结构具有介于刚性与半刚性之间的强度和刚度，其由于一定量粉煤灰的应用而具备了改善变形的能力和抗疲劳性能，对比半刚性基层结构其具有更好的水稳性和抗冻融能力，对比刚性基层结构则更具经济性。

（五）加筋持力层材料 + 砂石垫层路面基层结构

把持力层材料铺设在土路基顶层，路堤顶层回填土采用中黏土或经改性处理的具有防渗水作用的承载能力相对较高的回填土，压实度大于97%，该层回填土厚度控制在60～80 cm。持力层由土工格栅（室）或持力层网组成。黏土层（或改性土层）将很好地隔绝地下水的毛细作用。通过土工格栅（室）或持力层网可以将其上的垫层、基层、面层形成整体式路基路面承重结构，该承重结构整体受力抵抗车辆荷载，如有沉降，也必将是整体均匀沉降。该承重结构还吸收结构层之间巨大的应力差（特别是刚性结构、半刚性结构与柔性结构之间的应力差），避免结构层之间产生反射裂缝。在持力层之上的结构层设置路基垫层，由大粒径石料＋中小粒径石料＋砂组成，总厚度可以控制在15～20 cm，该层既可以作为承载的结构层，又是很好的地下盲沟排水层，可以将路基之上渗透到路基内部的地表水通过该层（必要时还需设置纵向盲沟）排出路面基层，绝不容许渗透到土路基之中，这样才能使整个公路路基路面结构成为一个长期的稳定体。

三、沥青路面可靠度理论研究现状

可靠度在沥青路面上的应用最早始于20世纪60年代，是由美国加利福尼亚州公路局和沥青研究所在制定路面设计规范时提出的。1972年，道瑞等首次定义了路面可靠度，并建议在路面的整个使用期内应对路面进行可靠度的研究与计算。格雷格等在研究路面疲劳度时将概率理论引入其中，以交通、材料和环境影响作为随机变量。1987年，周虞堂等在机场柔性路面设计中通过罗森布莱斯方法引入了CBR，得出在一定参数变异水平下路面结构疲劳寿命与可靠度的设计图表。2000年，迈克尔·马姆鲁克等设计出可以对沥青路面的成本进行分析的路面优化设计程序，通过该程序能够对不同交通量和不同材料类型的路面结构可靠度进行分析。2002年，金亨培建立了评估沥青路面结构可靠度的荷载与抗力系数（LRFD）模型，该模型可以较好地评估不同结构层组合以及不同交通量的沥青路面结构的可靠度。2005年，桑切斯·席尔瓦建立了优化设计和维修柔性沥青路面结构的模型，该模型对荷载、材料、模型的不确定性进行了考虑。2009年，安尼玛将结构参数的不确定性考虑到了沥青路面可靠度的研究中。2011年，瑞妮布什通过数值分析方法进行了路面结构非线性累积疲劳损伤的可靠性计算，利用传统的疲劳方程预估了沥青路面在重复荷载作用下的非线性疲劳损伤，2014年，他又将沥青层及半刚性基层的厚度作为随机参数，将路面结构可靠度计算引入车辙和疲劳破坏情形中。2016年，戴恩歌德、拜尔格森基于费罗里达裂缝模型，把可靠度引入沥青路面疲劳开裂设计中，采用一阶可靠度方法进行可靠度计算，并给出安全系数。2018年，赛格瑞亚等提出将有效的数值方案与MEPDG相结合，进行统计模拟，减少了模拟中重复执行的次数，并对蒙特卡洛法、拉丁超立方体模拟法和罗森布莱斯点估计法进行了比较。2019 年，巴贝特·施罗德等采用四阶矩法，确定了基于路面可靠度的最优养护期，并通过敏感性分析得出最佳养护期。

20 世纪 80 年代后期，我国各大院校开始对沥青路面可靠度进行研究。1991 年 4 月，项目“沥青路面结构的可靠性研究”的成立正式拉开了我国沥青路面可靠度研究的帷幕。该项目于 1995 年通过验收鉴定并取得了重要成果：确定了各个结构参数的随机特性，包括变异系数的范围、分布类型；对路面结构可靠度的计算提出了多种方法；推导出了沥青路面理论弯沉和最大弯拉应力的显化公式。

1996 年，查旭东、张起森应用一次二阶矩中心点法计算柔性路面可靠度，最后得出结论：相比于蒙特卡洛法，一次二阶矩中心点法的精度更高。1997 年，方晓睿使用 JC 法研究了柔性路面可靠度的敏感性分析，研究了几何参数、材料参数的均值和变异系数对弯沉可靠度和弯拉应力可靠度的影响程度。1996 年，黄卫、赵延庆使用 Monte Carlo 法对沥青路面结构可靠度进行了研究，得到可靠度与路面结构、疲劳寿命之间的关系。2007 年，王蕾蕾将蒙特卡洛法和最大熵法相结合，编写了可靠度计算的通用程序。2015 年，徐旭、刘巍基于蒙特卡洛法对沥青路网结构可靠度进行分析，与单条道路可靠度进行比较，并得出参数的敏感性排序。2017 年，王迎丹基于蒙特卡洛法，利用 Matlab 软件对沥青路面可靠度通用程序进行了编写，此软件可对 10 层以内任意结构层沥青路面可靠度及敏感度进行计算分析。

在我国沥青路面可靠度研究中，沥青路面模糊可靠度也是重要的研究内容。2001 年，贾致荣对沥青路面模糊可靠度进行了研究分析，同时考虑了参数的随机性与判别模式的不确定性。2010 年，蒋建国、张家生在传统可靠度方法上分析了路面模糊随机可靠度，得出模糊可靠度计算结果与实际工程更加一致。2018 年，韩晶基于模糊静动力有限元分析方法，以横观各向同性路面结构作为研究对象对沥青路面模糊可靠度进行了分析。

随着计算机的发展，使用有限元计算沥青路面可靠度的方法得到广泛应用。随机问题与有限元相结合，为沥青路面结构的可靠性分析开创了新领域。2004 年，焦同战基于蒙特卡洛法，将 Matlab 程序与 Ansys 有限元分析软件相结合，以弯沉为控制指标建立功能函数，编制了三层弹性体系沥青路面可靠度分析的通用程序。2008 年，宋云连将 Monte Carlo 法和有限元法结合起来对结构可靠度进行了深入研究。2010 年，王英利用 JC 法建立了有限元计算模型来进行沥青路面可靠度的计算。2012 年，余国红同样使用有限元法，建立了可以同时计算新建路面和改建沥青路面的可靠度计算模型。刘恒基于响应面法建立了有限元路面结构计算模型，并与蒙特卡洛法建立的有限元模型进行对比，发现响应面法建立的模型最终的计算精度要大于蒙特卡洛法建立的模型。

近几年来许多学者尝试使用不同方法，从不同的角度对沥青路面结构可靠度进行了分析研究。2012 年，刘小云、史春娟对基于车辆荷载动力响应的沥青路面可靠性进行了研究，对动荷载的随机特性进行了分析。2013 年，肖艺成、张久鹏使用层次分析方法寻找了沥青混凝土路面施工过程的控制指标，并最终选取压实度作为控制指标。2015 年，刘小云、邵雨虹等采用科尔莫戈洛检验方法得出沥青路面各结构层间的剪切强度的概率分布类型，从而基于层间抗剪能力对沥青路面可靠度进行了设计，给出不同可靠度下的抗剪切应力允许设计值。2015 年，石福周、司伟等使用一次二阶矩法研究了环境温度和湿度的不确定性对沥青路面可靠度的影响，最终得出冻融循环作用次数对沥青路面可靠度有很大的影响，降低冻融循环作用次数可使路面结构可靠度增加。2016 年，司伟、马彝采用蒙特卡洛法研究了冻融循环对沥青路面结构可靠度的影响，同样得出路面结构可靠度随冻融循环变异系数的增加呈降低趋势。同年，王昊通过蒙特卡洛法研究得到，只有在保证基层与底基层施工模量变异系数小于 0.16 时，才能同时满足以层底拉应力和路表弯沉两个控制指标所建立的功能函数所计算的可靠度均在 95% 以上。2018 年，马士宾、徐文斌利用 Design-Expor 的响应面优化建立功能函数，找出了各设计参数，如弯拉强度、弹性模量和当量回弹模量对加铺层可靠度的影响。2018 年，王浩、武书华使用当量厚度法分析了沥青路面结构可靠度，即把多种材料、多种形式的路面结构材料当量作为热拌沥青混合料来设计，从而得到路面当量换算系数，并结合有限元工具对沥青路面系统可靠度进行分析。2019 年，李伟聪、龚饶斌利用 HPD2011 和 BISAR3.0 软件分别计算并对比全柔性路面弯沉值，找出造成路面弯沉值较大的原因，最后基于 95% 可靠度对弯沉进行了修正。2020 年，黄卫、梁思明、魏亚提出了基于表面挠度的沥青路面可靠度分析方法，该方法考虑了交通荷载、材料性能和路面结构层厚在内的随机变量对沥青路面车辙使用寿命的影响，并通过多元分析得到表面挠度计算的确定模型，从而进行基于表面挠度的沥青路面可靠度分析。

虽然沥青路面可靠度的研究方法与理论早已成熟，但以前的研究成果都是基于弯沉和弯拉应力两个控制指标来完成的，而对现行规范多指标控制下的沥青路面可靠度研究到目前为止还较少。对于所有指标的功能函数的建立，参数的敏感性的分析可参考的文献也较少，所以尽快研究出一套现行规范下沥青路面结构可靠度计算的方法十分重要。

四、沥青路面的可靠度分析

（一）可靠度计算中随机参数的选取与计算方法

1. 可靠度计算中随机参数的选取

在道路修建的过程中，人为或非人为的不确定因素，如设计方案、施工工艺、道路的材料、环境等都会对道路的性能产生重大影响。这些不确定的因素将可能使道路的可靠度达不到规范中目标可靠度的要求，而在实际使用过程中发生超出预期的破坏。路面结构可靠度计算中主要考虑了交通随机参数、路面结构几何随机参数、路面结构材料参数等方面的随机特性。

交通随机参数主要考虑方向系数、车道系数，设计使用年限内交通量的年平均增长率，2 轴 6 轮及以上车辆的双向初始年平均日交通量。这些参数的不确定性导致了设计使用年限内设计车道上的当量累计设计轴载作用次数的不确定性。

路面结构几何随机参数主要考虑沥青混合料动态模量、无机结合料稳定层弹性模量和粒料层回弹模量、弯拉强度以及路基回弹模量。

路面结构材料参数主要考虑路面面层厚度和底基层的厚度。

2. 可靠度计算方法

选取蒙特卡洛法进行路面结构可靠度的计算。蒙特卡洛法计算沥青路面可靠度的步骤如下。

①确定交通、几何、材料、环境各随机参数的均值，确定变异系数和变异类型。

②确定随机抽样次数 N。

③通过 Matlab 中自带函数产生各参数的随机变量矩阵。

④将产生的随机变量矩阵代入所建立的功能函数中，结构可靠度的计算公式为

$$P_r = \frac{n}{N}(Z > 0) \tag{8-7}$$

式中，P_r——结构可靠度；

N——抽样次数；

n——$Z > 0$ 的次数。

蒙特卡洛法中的抽样次数 N 越大，误差越小。N 必须足够大，才能满足计算精度的要求。建议 N 必须满足如下条件。

$$N \geqslant \frac{100}{N_f} \tag{8-8}$$

式中，N_f——路面结构的疲劳寿命。

（二）交通参数对路面结构可靠度的影响

1. 交通荷载影响路面结构

随着经济的发展，载货汽车的超载现象变得越来越严重。交通参数对既有路面可靠性的影响很大。在现行规范之前，交通流车辆划分为小客车、小货车、中货车、大货车以及集装车。该划分方法已不适合当前路面的设计需要，其对交通组成的划分相对粗略，未将轴载特性相差较大的车型作以区分。故新版规范对车辆类型划分进行了优化，其分类规则如下：①以车辆整体结构作为划分依据进行初步划分；②按车辆轴型将每类车细化；③将对路面结构破坏作用相近的车辆归入一类，从而提高路面结构设计结果的可靠性。

我国现行沥青路面设计方法中以沥青混合料疲劳开裂寿命、无机结合料稳定层疲劳开裂寿命、沥青混合料永久变形和路基永久变形为主要设计标准，因此，轴载换算时考虑了以沥青混合料层层底拉应变、无机结合料稳定层层底拉应力、沥青混合料层永久变形量和路基顶面竖向压应变为指标的轴载换算方法。

2. 以路表弯沉为控制指标的可靠度计算

以路表弯沉为控制指标的不同荷载作用下累计当量轴次与可靠度之间的关系，如表 8-4 所示。

表 8-4　以路表弯沉为控制指标的不同荷载作用下累计当量轴次与可靠度之间的关系

累计当量轴次 / 万次	不同弯沉下的可靠度 /%						
	0.7 MPa	0.8 MPa	0.9 MPa	1.0 MPa	1.1 MPa	1.2 MPa	1.4 MPa
100	99.78	93.87	81.58	63.43	38.79	22.31	4.89
200	93.43	78.36	52.83	31.04	14.87	5.70	1.02
300	86.15	63.24	35.06	16.02	8.72	1.98	—
400	77.24	48.49	22.77	9.22	2.72	0.64	—
500	67.94	39.43	17.37	5.15	1.25	0.03	—
600	60.53	30.46	10.22	3.46	0.83	0.02	—
700	54.53	25.51	8.12	2.14	0.03	—	—
800	49.32	20.41	6.99	1.16	0.02	—	—
900	40.40	16.85	4.43	1.44	—	—	—
1000	38.49	13.32	4.40	0.72	—	—	—
1200	30.32	9.37	2.66	—	—	—	—
1400	23.74	6.59	1.38	—	—	—	—

随荷载应力的增大，路面结构的可靠度呈衰减的趋势。荷载应力水平由

0.7 MPa 增加到 0.8 MPa 时不同当量轴次可靠度变化率如表 8-5 所示。

表 8-5　不同当量轴次可靠度变化率

累计当量轴次 / 万次	可靠度变化率 /%
100	5.92
200	16.13
300	26.59
400	37.22
500	41.96
600	49.68
700	53.22
800	58.29
900	58.62
1000	65.39
1200	69.10
1400	72.24

3. 以上面层层底拉应力为控制指标的可靠度计算

以上面层层底拉应力为指标的不同荷载作用下累计当量轴次与可靠度之间的关系如表 8-6 所示。

表 8-6　以上面层层底拉应力为控制指标的不同荷载作用下累计当量轴次与可靠度之间的关系

累计当量轴次 / 万次	不同拉应力下的可靠度 /%				
	0.7 MPa	0.8 MPa	0.9 MPa	1.0 MPa	1.2 MPa
100	100.0	100.00	99.14	98.36	98.26
200	100.0	99.97	89.20	86.82	42.36
300	100.0	98.17	76.35	67.58	19.33
400	99.49	95.58	62.34	48.49	9.98
500	98.20	91.21	50.13	37.09	5.39
600	97.93	85.14	41.83	25.46	2.72
700	95.32	79.05	32.75	19.89	1.71
800	92.96	70.76	27.58	15.13	1.32
900	89.18	62.20	22.60	11.21	1.02
1000	87.77	57.22	18.91	9.22	0.89
1200	82.19	46.20	13.35	5.22	0.33
1400	71.08	36.94	9.32	3.57	0.21

4. 以基层层底拉应力为指标的可靠度计算

以基层层底拉应力为控制指标的不同荷载作用下累计当量轴次与可靠度之间的关系如表 8-7 所示。

表 8-7 以基层层底拉应力为控制指标的不同荷载作用下累计当量轴次与可靠度之间的关系

累计当量轴次 / 万次	不同拉应力下的可靠度 /%					
	0.7 MPa	0.8 MPa	0.9 MPa	1.0 MPa	1.2 MPa	1.4 MPa
100	100.0	100.0	100.0	99.79	97.75	92.57
200	100.0	100.0	99.87	98.50	91.80	79.51
300	100.0	100.0	98.97	96.89	83.35	66.86
400	100.0	99.81	98.72	91.95	76.38	58.01
500	99.86	99.35	97.78	87.77	68.98	49.91
600	99.61	98.60	96.49	83.07	62.09	43.74
700	99.51	97.27	95.94	78.09	57.46	39.17
800	99.24	93.88	93.11	75.54	51.81	35.15
900	99.01	91.94	91.42	69.03	47.31	31.85
1000	98.50	89.41	90.55	67.57	45.91	30.39
1200	97.65	87.09	86.68	60.30	39.45	25.76
1400	95.51	84.35	82.85	54.14	36.58	24.89

（三）沥青路面结构层间状态对可靠度的影响

不同接触状态下的累计当量轴次对可靠度有影响。根据路面设计参数，计算不同接触状态下累计当量轴次与可靠度之间的关系如表 8-8 所示。

表 8-8 不同接触状态下的累计当量轴次与可靠度之间的关系（以弯沉为控制指标）

累计当量轴次 / 万次	不同弯沉下的可靠度 /%					
	0 MPa	0.2 MPa	0.4 MPa	0.6 MPa	0.8 MPa	1.0 MPa
100	100	100	100	99.89	99.84	99.78
200	100	100	100	96.72	95.08	93.43
300	100	99.41	98.82	92.49	89.32	86.15
400	90.37	89.49	88.60	82.92	80.08	77.24
500	79.49	78.71	77.93	72.94	70.44	67.94
600	70.82	70.13	69.43	64.98	62.76	60.53
700	63.80	63.18	62.55	58.54	56.54	54.53
800	57.70	57.14	56.57	52.95	51.14	49.32
900	47.27	46.81	46.34	43.37	41.89	40.40
1000	45.03	44.59	44.15	41.32	39.91	38.49
1200	35.47	35.13	34.78	32.55	31.44	30.32
1400	27.78	27.51	27.23	25.49	24.62	23.74

参考文献

[1] 赵书玲，许伦辉，汪锋锁 . 高速公路建设与管理 [M]. 广州：中山大学出版社，2011.

[2] 李来宾，李晓军 . 多孔改性水泥混凝土基层复合沥青路面修筑技术研究 [M]. 西安：西北工业大学出版社，2013.

[3] 付丽琴 . 聚合物抗车辙沥青路面研究与应用 [M]. 北京：中国建材工业出版社，2014.

[4] 陈队永，杨永亮，赵青，等 . 高速公路服务系统评价理论与方法 [M]. 北京：中国铁道出版社，2014.

[5] 王中平 . 公路沥青路面预防性养护新技术 [M]. 徐州：中国矿业大学出版社，2015.

[6] 张志耕，崔澂，程国义 . 高速公路设计与施工关键技术后评价研究 [M]. 天津：天津大学出版社，2016.

[7] 孙祖望，任民 . 沥青路面预防性养护实用技术 [M]. 北京：中国建材工业出版社，2017.

[8] 袁胜强，郑晓光 . 高速公路改扩建设计理论与实践 [M]. 北京：中国计划出版社，2017.

[9] 胡朋 . 动荷载作用下沥青路面响应及破坏分析 [M]. 北京：人民交通出版社股份有限公司，2018.

[10] 郭德栋，赵佃宝，王明星，等 . 沥青路面再生关键技术与工程实践 [M]. 北京：中国水利水电出版社，2019.

[11] 谢晶 . 重载长效沥青路面材料与结构设计研究 [M]. 长沙：中南大学出版社，2018.

[12] 孙雅珍，高霖，王明振，等 . 综合稳定碎石土底基层沥青路面研究及应用技术 [M]. 沈阳：东北大学出版社，2019.

[13] 孟勇军 . 沥青路面材料 [M]. 北京：人民交通出版社股份有限公司，2019.

[14] 周健楠 . 高速公路沥青面层混合料开裂性能指标试验研究 [J]. 公路，2020，65（8）：53-58.

[15] 王国栋 . 双层排水沥青路面在高速公路养护工程中的应用 [J]. 交通世界，2020（21）：12-13.

[16] 吴子健 . 高速公路改性沥青混凝土路面施工关键技术 [J]. 广东建材，2020，36（7）：55-57.

[17] 李贺 . 高速公路沥青混凝土路面试验检测技术与质量控制措施 [J]. 交通世界，2020（20）：62-63.

[18] 覃春丽 . 高速公路沥青混凝土路面预防性养护措施 [J]. 西部交通科技，2020（7）：24-25.

[19] 马宝君 . 对高速公路沥青路面早期病害原因分析的探讨 [J]. 甘肃科技，2020，36（13）：96-98.

[20] 王海战 . 高速公路沥青道路路面施工技术探讨 [J]. 建筑技术开发，2020，47（12）：43-44.

[21] 杜昀泽 . 高速公路沥青混凝土路面检测技术研究 [J]. 交通世界，2020（18）：72-73.

[22] 吴锟 . 浅析高速公路沥青路面早期损坏分析与防治 [J]. 城市建设理论研究，2020（18）：87-88.

[23] 吕永斌 . 高速公路沥青路面养护对策分析 [J]. 山西交通科技，2020（3）：66-68.